FRANSE WOORDENSCHAT
nieuwe woorden leren

T&P Books woordenlijsten zijn bedoeld om u te helpen vreemde woorden te leren, te onthouden, en te bestuderen. De woordenschat bevat meer dan 3000 veel gebruikte woorden die thematisch geordend zijn.

- De woordenlijst bevat de meest gebruikte woorden
- Aanbevolen als aanvulling bij welke taalcursus dan ook
- Voldoet aan de behoeften van de beginnende en gevorderde student in vreemde talen
- Geschikt voor dagelijks gebruik, bestudering en zelftestactiviteiten
- Maakt het mogelijk om uw woordenschat te evalueren

Bijzondere kenmerken van de woordenschat

- De woorden zijn gerangschikt naar hun betekenis, niet volgens alfabet
- De woorden worden weergegeven in drie kolommen om bestudering en zelftesten te vergemakkelijken
- Woorden in groepen worden verdeeld in kleine blokken om het leerproces te vergemakkelijken
- De woordenschat biedt een handige en eenvoudige beschrijving van elk buitenlands woord

De woordenschat bevat 101 onderwerpen zoals:

Basisconcepten, getallen, kleuren, maanden, seizoenen, meeteenheden, kleding en accessoires, eten & voeding, restaurant, familieleden, verwanten, karakter, gevoelens, emoties, ziekten, stad, dorp, bezienswaardigheden, winkelen, geld, huis, thuis, kantoor, werken op kantoor, import & export, marketing, werk zoeken, sport, onderwijs, computer, internet, gereedschap, natuur, landen, nationaliteiten en meer ...

INHOUDSOPGAVE

Uitspraakgids	8
Afkortingen	10

BASISBEGRIPPEN 12

1. Voornaamwoorden 12
2. Begroetingen. Begroetingen 12
3. Vragen 13
4. Voorzetsels 13
5. Functiewoorden. Bijwoorden. Deel 1 14
6. Functiewoorden. Bijwoorden. Deel 2 15

GETALLEN. DIVERSEN 17

7. Kardinale getallen. Deel 1 17
8. Kardinale getallen. Deel 2 18
9. Ordinale getallen 18

KLEUREN. MEETEENHEDEN 19

10. Kleuren 19
11. Meeteenheden 19
12. Containers 20

BELANGRIJKSTE WERKWOORDEN 22

13. De belangrijkste werkwoorden. Deel 1 22
14. De belangrijkste werkwoorden. Deel 2 23
15. De belangrijkste werkwoorden. Deel 3 23
16. De belangrijkste werkwoorden. Deel 4 24

TIJD. KALENDER 26

17. Dagen van de week 26
18. Uren. Dag en nacht 26
19. Maanden. Seizoenen 27

REIZEN. HOTEL 30

20. Trip. Reizen 30
21. Hotel 30
22. Bezienswaardigheden 31

VERVOER 33

23. Vliegveld 33
24. Vliegtuig 34
25. Trein 35
26. Schip 36

STAD 38

27. Stedelijk vervoer 38
28. Stad. Het leven in de stad 39
29. Stedelijke instellingen 40
30. Borden 41
31. Winkelen 42

KLEDING EN ACCESSOIRES 44

32. Bovenkleding. Jassen 44
33. Heren & dames kleding 44
34. Kleding. Ondergoed 45
35. Hoofddeksels 45
36. Schoeisel 45
37. Persoonlijke accessoires 46
38. Kleding. Diversen 46
39. Persoonlijke verzorging. Schoonheidsmiddelen 47
40. Horloges. Klokken 48

ALLEDAAGSE ERVARING 49

41. Geld 49
42. Post. Postkantoor 50
43. Bankieren 50
44. Telefoon. Telefoongesprek 51
45. Mobiele telefoon 52
46. Schrijfbehoeften 52
47. Vreemde talen 53

MAALTIJDEN. RESTAURANT 55

48. Tafelschikking 55
49. Restaurant 55
50. Maaltijden 55
51. Bereide gerechten 56
52. Voedsel 57

53. Drankjes	59
54. Groenten	60
55. Vruchten. Noten	61
56. Brood. Snoep	61
57. Kruiden	62

PERSOONLIJKE INFORMATIE. FAMILIE   63

58. Persoonlijke informatie. Formulieren	63
59. Familieleden. Verwanten	63
60. Vrienden. Collega's	64

MENSELIJK LICHAAM. GENEESKUNDE   66

61. Hoofd	66
62. Menselijk lichaam	67
63. Ziekten	67
64. Symptomen. Behandelingen. Deel 1	69
65. Symptomen. Behandelingen. Deel 2	70
66. Symptomen. Behandelingen. Deel 3	71
67. Geneeskunde. Medicijnen. Accessoires	71

APPARTEMENT   73

68. Appartement	73
69. Meubels. Interieur	73
70. Beddengoed	74
71. Keuken	74
72. Badkamer	75
73. Huishoudelijke apparaten	76

DE AARDE. WEER   77

74. De kosmische ruimte	77
75. De Aarde	78
76. Windrichtingen	78
77. Zee. Oceaan	79
78. Namen van zeeën en oceanen	80
79. Bergen	81
80. Bergen namen	82
81. Rivieren	82
82. Namen van rivieren	83
83. Bos	83
84. Natuurlijke hulpbronnen	84
85. Weer	85
86. Zwaar weer. Natuurrampen	86

FAUNA   88

| 87. Zoogdieren. Roofdieren | 88 |
| 88. Wilde dieren | 88 |

89. Huisdieren   89
90. Vogels   90
91. Vis. Zeedieren   92
92. Amfibieën. Reptielen 92
93. Insecten   93

FLORA   94

94. Bomen   94
95. Heesters   94
96. Vruchten. Bessen   95
97. Bloemen. Planten   96
98. Granen, graankorrels 97

LANDEN VAN DE WERELD   98

99. Landen. Deel 1   98
100. Landen. Deel 2   99
101. Landen. Deel 3   99

UITSPRAAKGIDS

Letter	Frans voorbeeld	T&P fonetisch alfabet	Nederlands voorbeeld

Klinkers

A a	cravate	[a]	acht
E e	mer	[ɛ]	elf, zwembad
I i [1]	hier	[j]	New York, januari
I i [2]	musique	[i]	bidden, tint
O o	porte	[o], [ɔ]	overeenkomst, bot
U u	rue	[y]	fuut, uur
Y y [3]	yacht	[j]	New York, januari
Y y [4]	type	[i]	bidden, tint

Medeklinkers

B b	robe	[b]	hebben
C c [5]	place	[s]	spreken, kosten
C c [6]	canard	[k]	kennen, kleur
Ç ç	leçon	[s]	spreken, kosten
D d	disque	[d]	Dank u, honderd
F f	femme	[f]	feestdag, informeren
G g [7]	page	[ʒ]	journalist, rouge
G g [8]	gare	[g]	goal, tango
H h	héros	[h]	stille [h]
J j	jour	[ʒ]	journalist, rouge
K k	kilo	[k]	kennen, kleur
L l	aller	[l]	delen, luchter
M m	maison	[m]	morgen, etmaal
N n	nom	[n]	nemen, zonder
P p	papier	[p]	parallel, koper
Q q	cinq	[k]	kennen, kleur
R r	mars	[r]	rollende [r]
S s [9]	raison	[z]	zeven, zesde
S s [10]	sac	[s]	spreken, kosten
T t	table	[t]	tomaat, taart
V v	verre	[v]	beloven, schrijven
W w	Taïwan	[w]	twee, willen
X x [11]	expliquer	[ks]	links, maximaal
X x [12]	exact	[gz]	[g] als in goal + [z]
X x [13]	dix	[s]	spreken, kosten

Letter	Frans voorbeeld	T&P fonetisch alfabet	Nederlands voorbeeld
X x [14]	dixième	[z]	zeven, zesde
Z z	zéro	[z]	zeven, zesde

Lettercombinaties

ai	faire	[ɛ]	elf, zwembad
au	faute	[o], [oː]	aankomst, rood
ay	payer	[eɪ]	Azerbeidzjan
ei	treize	[ɛ]	elf, zwembad
eau	eau	[o], [oː]	aankomst, rood
eu	beurre	[ø]	neus, beu
œ	œil	[ø]	neus, beu
œu	cœur	[øː]	lange 'uh' als in deur
ou	nous	[u]	hoed, doe
oi	noir	[wa]	zwart, wachten
oy	voyage	[wa]	zwart, wachten
qu	quartier	[k]	kennen, kleur
ch	chat	[ʃ]	shampoo, machine
th	thé	[t]	tomaat, taart
ph	photo	[f]	feestdag, informeren
gu [15]	guerre	[g]	goal, tango
ge [16]	géographie	[ʒ]	journalist, rouge
gn	ligne	[ɲ]	cognac, nieuw
on, om	maison, nom	[ɔ̃]	nasale [o]

Opmerkingen

[1] voor klinkers
[2] elders
[3] voor klinkers
[4] elders
[5] voor e, i, y
[6] elders
[7] voor e, i, y
[8] elders
[9] tussen twee klinkers
[10] elders
[11] in de meeste gevallen
[12] zelden
[13] in dix, six, soixante
[14] in dixième, sixième
[15] voor e, i, u
[16] voor a, o, y

AFKORTINGEN
gebruikt in de woordenschat

Nederlandse afkortingen

mann.	-	mannelijk
vrouw.	-	vrouwelijk
mv.	-	meervoud
on.ww.	-	onovergankelijk werkwoord
ov.ww.	-	overgankelijk werkwoord
bn	-	bijvoeglijk naamwoord
bw	-	bijwoord
abn	-	als bijvoeglijk naamwoord
bijv.	-	bijvoorbeeld
enz.	-	enzovoort
wisk.	-	wiskunde
enk.	-	enkelvoud
ov.	-	over
mil.	-	militair
vn	-	voornaamwoord
telb.	-	telbaar
form.	-	formele taal
ontelb.	-	ontelbaar
inform.	-	informele taal
vw	-	voegwoord
vz	-	voorzetsel
ww	-	werkwoord

Nederlandse artikelen

de	-	gemeenschappelijk geslacht
het	-	onzijdig
de/het	-	onzijdig, gemeenschappelijk geslacht

Franse afkortingen

m	-	mannelijk zelfstandig naamwoord
f	-	vrouwelijk zelfstandig naamwoord
pl	-	meervoud
m pl	-	mannelijk meervoud
f pl	-	vrouwelijk meervoud

m, f	-	mannelijk, vrouwelijk
vt	-	overgankelijk werkwoord
vi	-	onovergankelijk werkwoord
adj	-	bijvoeglijk naamwoord
adv	-	bijwoord
conj	-	voegwoord
prep	-	voorzetsel
pron	-	voornaamwoord
v aux	-	hulp werkwoord
v imp	-	onpersoonlijk werkwoord
vi, vt	-	onovergankelijk, overgankelijk werkwoord
vp	-	pronominaal werkwoord
etc.	-	enzovoort

BASISBEGRIPPEN

1. Voornaamwoorden

ik	je	[ʒə]
jij, je	tu	[ty]
hij	il	[il]
zij, ze	elle	[ɛl]
het	ça	[sa]
wij, we	nous	[nu]
jullie	vous	[vu]
zij, ze (mann.)	ils	[il]
zij, ze (vrouw.)	elles	[ɛl]

2. Begroetingen. Begroetingen

Hallo! Dag!	Bonjour!	[bɔ̃ʒur]
Hallo!	Bonjour!	[bɔ̃ʒur]
Goedemorgen!	Bonjour!	[bɔ̃ʒur]
Goedemiddag!	Bonjour!	[bɔ̃ʒur]
Goedenavond!	Bonsoir!	[bɔ̃swar]
gedag zeggen (groeten)	dire bonjour	[dir bɔ̃ʒur]
Hoi!	Salut!	[saly]
groeten (het)	salut (m)	[saly]
verwelkomen (ww)	saluer (vt)	[salɥe]
Hoe is het?	Comment ça va?	[kɔmɑ̃ sa va]
Is er nog nieuws?	Quoi de neuf?	[kwa də nœf]
Dag! Tot ziens!	Au revoir!	[orəvwar]
Tot snel! Tot ziens!	À bientôt!	[a bjɛ̃to]
Vaarwel!	Adieu!	[adjø]
afscheid nemen (ww)	dire au revoir	[dir ərəvwar]
Tot kijk!	Salut!	[saly]
Dank u!	Merci!	[mɛrsi]
Dank u wel!	Merci beaucoup!	[mɛrsi boku]
Graag gedaan	Je vous en prie	[ʒə vuzɑ̃pri]
Geen dank!	Il n'y a pas de quoi	[il njapa də kwa]
Geen moeite.	Pas de quoi	[pa də kwa]
Excuseer me, ... (inform.)	Excuse-moi!	[ɛkskyz mwa]
Excuseer me, ... (form.)	Excusez-moi!	[ɛkskyze mwa]
excuseren (verontschuldigen)	excuser (vt)	[ɛkskyze]
zich verontschuldigen	s'excuser (vp)	[sɛkskyze]
Mijn excuses.	Mes excuses	[me zɛkskyz]

Het spijt me!	Pardonnez-moi!	[pardɔne mwa]
vergeven (ww)	pardonner (vt)	[pardɔne]
Maakt niet uit!	C'est pas grave	[sepagrav]
alsjeblieft	s'il vous plaît	[silvuple]
Vergeet het niet!	N'oubliez pas!	[nublije pɑ]
Natuurlijk!	Bien sûr!	[bjɛ̃ syːr]
Natuurlijk niet!	Bien sûr que non!	[bjɛ̃ syr kə nɔ̃]
Akkoord!	D'accord!	[dakɔr]
Zo is het genoeg!	Ça suffit!	[sa syfi]

3. Vragen

Wie?	Qui?	[ki]
Wat?	Quoi?	[kwa]
Waar?	Où?	[u]
Waarheen?	Où?	[u]
Waar ... vandaan?	D'où?	[du]
Wanneer?	Quand?	[kɑ̃]
Waarom?	Pourquoi?	[purkwa]
Waarom?	Pourquoi?	[purkwa]
Waarvoor dan ook?	À quoi bon?	[ɑ kwa bɔ̃]
Hoe?	Comment?	[kɔmɑ̃]
Wat voor ...?	Quel?	[kɛl]
Welk?	Lequel?	[ləkɛl]
Aan wie?	À qui?	[ɑ ki]
Over wie?	De qui?	[də ki]
Waarover?	De quoi?	[də kwa]
Met wie?	Avec qui?	[avɛk ki]
Hoeveel?	Combien?	[kɔ̃bjɛ̃]
Van wie? (mann.)	À qui?	[ɑ ki]

4. Voorzetsels

met (bijv. ~ beleg)	avec ... (prep)	[avɛk]
zonder (~ accent)	sans ... (prep)	[sɑ̃]
naar (in de richting van)	à ... (prep)	[ɑ]
over (praten ~)	de ... (prep)	[də]
voor (in tijd)	avant (prep)	[avɑ̃]
voor (aan de voorkant)	devant (prep)	[dəvɑ̃]
onder (lager dan)	sous ... (prep)	[su]
boven (hoger dan)	au-dessus de ... (prep)	[odsy də]
op (bovenop)	sur ... (prep)	[syr]
van (uit, afkomstig van)	de ... (prep)	[də]
van (gemaakt van)	en ... (prep)	[ɑ̃]
over (bijv. ~ een uur)	dans ... (prep)	[dɑ̃]
over (over de bovenkant)	par dessus ... (prep)	[par dəsy]

5. Functiewoorden. Bijwoorden. Deel 1

Waar?	Où?	[u]
hier (bw)	ici (adv)	[isi]
daar (bw)	là-bas (adv)	[laba]

ergens (bw)	quelque part (adv)	[kɛlkə par]
nergens (bw)	nulle part (adv)	[nyl par]

bij ... (in de buurt)	près de ... (prep)	[prɛ də]
bij het raam	près de la fenêtre	[prɛdə la fənɛtr]

Waarheen?	Où?	[u]
hierheen (bw)	ici (adv)	[isi]
daarheen (bw)	là-bas (adv)	[laba]
hiervandaan (bw)	d'ici (adv)	[disi]
daarvandaan (bw)	de là-bas (adv)	[də laba]

dichtbij (bw)	près (adv)	[prɛ]
ver (bw)	loin (adv)	[lwɛ̃]

in de buurt (van ...)	près de ...	[prɛ də]
vlakbij (bw)	tout près (adv)	[tu prɛ]
niet ver (bw)	pas loin (adv)	[pɑ lwɛ̃]

linker (bn)	gauche (adj)	[goʃ]
links (bw)	à gauche (adv)	[agoʃ]
linksaf, naar links (bw)	à gauche (adv)	[agoʃ]

rechter (bn)	droit (adj)	[drwa]
rechts (bw)	à droite (adv)	[adrwat]
rechtsaf, naar rechts (bw)	à droite (adv)	[adrwat]

vooraan (bw)	devant (adv)	[dəvɑ̃]
voorste (bn)	de devant (adj)	[də dəvɑ̃]
vooruit (bw)	en avant (adv)	[ɑn avɑ̃]

achter (bw)	derrière (adv)	[dɛrjɛr]
van achteren (bw)	par derrière (adv)	[par dɛrjɛr]
achteruit (naar achteren)	en arrière (adv)	[ɑn arjɛr]

midden (het)	milieu (m)	[miljø]
in het midden (bw)	au milieu (adv)	[omiljø]

opzij (bw)	de côté (adv)	[də kote]
overal (bw)	partout (adv)	[partu]
omheen (bw)	autour (adv)	[otur]

binnenuit (bw)	de l'intérieur	[də lɛ̃terjœr]
naar ergens (bw)	quelque part (adv)	[kɛlkə par]
rechtdoor (bw)	tout droit (adv)	[tu drwa]
terug (bijv. ~ komen)	en arrière (adv)	[ɑn arjɛr]
ergens vandaan (bw)	de quelque part	[də kɛlkə par]
ergens vandaan (en dit geld moet ~ komen)	de quelque part	[də kɛlkə par]

ten eerste (bw)	premièrement (adv)	[prəmjɛrmɑ̃]
ten tweede (bw)	deuxièmement (adv)	[døzjɛmmɑ̃]
ten derde (bw)	troisièmement (adv)	[trwazjɛmmɑ̃]
plotseling (bw)	soudain (adv)	[sudɛ̃]
in het begin (bw)	au début (adv)	[odeby]
voor de eerste keer (bw)	pour la première fois	[pur la prəmjɛr fwa]
lang voor ... (bw)	bien avant ...	[bjɛn avɑ̃]
opnieuw (bw)	de nouveau (adv)	[də nuvo]
voor eeuwig (bw)	pour toujours (adv)	[pur tuʒur]
nooit (bw)	jamais (adv)	[ʒamɛ]
weer (bw)	encore (adv)	[ɑ̃kɔr]
nu (bw)	maintenant (adv)	[mɛ̃tnɑ̃]
vaak (bw)	souvent (adv)	[suvɑ̃]
toen (bw)	alors (adv)	[alɔr]
urgent (bw)	d'urgence (adv)	[dyrʒɑ̃s]
meestal (bw)	d'habitude (adv)	[dabityd]
trouwens, ... (tussen haakjes)	à propos, ...	[aprɔpo]
mogelijk (bw)	c'est possible	[sepɔsibl]
waarschijnlijk (bw)	probablement (adv)	[prɔbabləmɑ̃]
misschien (bw)	peut-être (adv)	[pøtɛtr]
trouwens (bw)	en plus, ...	[ɑ̃plys]
daarom ...	c'est pourquoi ...	[se purkwa]
in weerwil van ...	malgré ...	[malgre]
dankzij ...	grâce à ...	[gras a]
wat (vn)	quoi (pron)	[kwa]
dat (vw)	que (conj)	[kə]
iets (vn)	quelque chose (pron)	[kɛlkə ʃoz]
iets	quelque chose (pron)	[kɛlkə ʃoz]
niets (vn)	rien	[rjɛ̃]
wie (~ is daar?)	qui (pron)	[ki]
iemand (een onbekende)	quelqu'un (pron)	[kɛlkœ̃]
iemand (een bepaald persoon)	quelqu'un (pron)	[kɛlkœ̃]
niemand (vn)	personne (pron)	[pɛrsɔn]
nergens (bw)	nulle part (adv)	[nyl par]
niemands (bn)	de personne	[də pɛrsɔn]
iemands (bn)	de n'importe qui	[də nɛ̃pɔrt ki]
zo (Ik ben ~ blij)	comme ça (adv)	[kɔmsa]
ook (evenals)	également (adv)	[egalmɑ̃]
alsook (eveneens)	aussi (adv)	[osi]

6. Functiewoorden. Bijwoorden. Deel 2

Waarom?	Pourquoi?	[purkwa]
om een bepaalde reden	on ne sait pourquoi	[ɔ̃nə sɛ purkwa]
omdat ...	parce que ...	[parskə]

voor een bepaald doel	pour une raison quelconque	[pur yn rɛzɔ̃ kɛlkɔ̃k]
en (vw)	et (conj)	[e]
of (vw)	ou (conj)	[u]
maar (vw)	mais (conj)	[mɛ]
voor (vz)	pour ... (prep)	[pur]
te (~ veel mensen)	trop (adv)	[tro]
alleen (bw)	seulement (adv)	[sœlmɑ̃]
precies (bw)	précisément (adv)	[presizemɑ̃]
ongeveer (~ 10 kg)	autour de ... (prep)	[otur də]
omstreeks (bw)	approximativement	[aprɔksimativmɑ̃]
bij benadering (bn)	approximatif (adj)	[aprɔksimatif]
bijna (bw)	presque (adv)	[prɛsk]
rest (de)	reste (m)	[rɛst]
de andere (tweede)	l'autre (adj)	[lotr]
ander (bn)	autre (adj)	[otr]
elk (bn)	chaque (adj)	[ʃak]
om het even welk	n'importe quel (adj)	[nɛ̃pɔrt kɛl]
veel (grote hoeveelheid)	beaucoup (adv)	[boku]
veel mensen	plusieurs (pron)	[plyzjœr]
iedereen (alle personen)	touts les ... , toutes les ...	[tut le], [tut le]
in ruil voor ...	en échange de ...	[ɑn eʃɑ̃ʒ də ...]
in ruil (bw)	en échange (adv)	[ɑn eʃɑ̃ʒ]
met de hand (bw)	à la main (adv)	[alamɛ̃]
onwaarschijnlijk (bw)	peu probable (adj)	[pø prɔbabl]
waarschijnlijk (bw)	probablement (adv)	[prɔbabləmɑ̃]
met opzet (bw)	exprès (adv)	[ɛksprɛ]
toevallig (bw)	par hasard (adv)	[par azar]
zeer (bw)	très (adv)	[trɛ]
bijvoorbeeld (bw)	par exemple (adv)	[par ɛgzɑ̃p]
tussen (~ twee steden)	entre ... (prep)	[ɑ̃tr]
tussen (te midden van)	parmi ... (prep)	[parmi]
zoveel (bw)	autant (adv)	[otɑ̃]
vooral (bw)	surtout (adv)	[syrtu]

GETALLEN. DIVERSEN

7. Kardinale getallen. Deel 1

nul	zéro	[zero]
een	un	[œ̃]
twee	deux	[dø]
drie	trois	[trwa]
vier	quatre	[katr]

vijf	cinq	[sɛ̃k]
zes	six	[sis]
zeven	sept	[sɛt]
acht	huit	[ɥit]
negen	neuf	[nœf]

tien	dix	[dis]
elf	onze	[ɔ̃z]
twaalf	douze	[duz]
dertien	treize	[trɛz]
veertien	quatorze	[katɔrz]

vijftien	quinze	[kɛ̃z]
zestien	seize	[sɛz]
zeventien	dix-sept	[disɛt]
achttien	dix-huit	[dizɥit]
negentien	dix-neuf	[diznœf]

twintig	vingt	[vɛ̃]
eenentwintig	vingt et un	[vɛ̃teœ̃]
tweeëntwintig	vingt-deux	[vɛ̃tdø]
drieëntwintig	vingt-trois	[vɛ̃trwa]

dertig	trente	[trãt]
eenendertig	trente et un	[trãteœ̃]
tweeëndertig	trente-deux	[trãt dø]
drieëndertig	trente-trois	[trãt trwa]

veertig	quarante	[karãt]
eenenveertig	quarante et un	[karãteœ̃]
tweeënveertig	quarante-deux	[karãt dø]
drieënveertig	quarante-trois	[karãt trwa]

vijftig	cinquante	[sɛ̃kãt]
eenenvijftig	cinquante et un	[sɛ̃kãteœ̃]
tweeënvijftig	cinquante-deux	[sɛ̃kãt dø]
drieënvijftig	cinquante-trois	[sɛ̃kãt trwa]

| zestig | soixante | [swasãt] |
| eenenzestig | soixante et un | [swasãteœ̃] |

tweeënzestig	soixante-deux	[swasɑ̃t dø]
drieënzestig	soixante-trois	[swasɑ̃t trwa]
zeventig	soixante-dix	[swasɑ̃tdis]
eenenzeventig	soixante et onze	[swasɑ̃te ɔ̃z]
tweeënzeventig	soixante-douze	[swasɑ̃t duz]
drieënzeventig	soixante-treize	[swasɑ̃t trɛz]
tachtig	quatre-vingts	[katrəvɛ̃]
eenentachtig	quatre-vingt et un	[katrəvɛ̃teœ̃]
tweeëntachtig	quatre-vingt deux	[katrəvɛ̃ dø]
drieëntachtig	quatre-vingt trois	[katrəvɛ̃ trwa]
negentig	quatre-vingt-dix	[katrəvɛ̃dis]
eenennegentig	quatre-vingt et onze	[katrəvɛ̃ teɔ̃z]
tweeënnegentig	quatre-vingt-douze	[katrəvɛ̃ duz]
drieënnegentig	quatre-vingt-treize	[katrəvɛ̃ trɛz]

8. Kardinale getallen. Deel 2

honderd	cent	[sɑ̃]
tweehonderd	deux cents	[dø sɑ̃]
driehonderd	trois cents	[trwa sɑ̃]
vierhonderd	quatre cents	[katr sɑ̃]
vijfhonderd	cinq cents	[sɛ̃k sɑ̃]
zeshonderd	six cents	[si sɑ̃]
zevenhonderd	sept cents	[sɛt sɑ̃]
achthonderd	huit cents	[ɥi sɑ̃]
negenhonderd	neuf cents	[nœf sɑ̃]
duizend	mille	[mil]
tweeduizend	deux mille	[dø mil]
drieduizend	trois mille	[trwa mil]
tienduizend	dix mille	[di mil]
honderdduizend	cent mille	[sɑ̃ mil]
miljoen (het)	million (m)	[miljɔ̃]
miljard (het)	milliard (m)	[miljar]

9. Ordinale getallen

eerste (bn)	premier (adj)	[prəmje]
tweede (bn)	deuxième (adj)	[døzjɛm]
derde (bn)	troisième (adj)	[trwazjɛm]
vierde (bn)	quatrième (adj)	[katrijɛm]
vijfde (bn)	cinquième (adj)	[sɛ̃kjɛm]
zesde (bn)	sixième (adj)	[sizjɛm]
zevende (bn)	septième (adj)	[sɛtjɛm]
achtste (bn)	huitième (adj)	[ɥitjɛm]
negende (bn)	neuvième (adj)	[nœvjɛm]
tiende (bn)	dixième (adj)	[dizjɛm]

KLEUREN. MEETEENHEDEN

10. Kleuren

kleur (de)	couleur (f)	[kulœr]
tint (de)	teinte (f)	[tɛ̃t]
kleurnuance (de)	ton (m)	[tõ]
regenboog (de)	arc-en-ciel (m)	[arkɑ̃sjɛl]

wit (bn)	blanc (adj)	[blɑ̃]
zwart (bn)	noir (adj)	[nwar]
grijs (bn)	gris (adj)	[gri]

groen (bn)	vert (adj)	[vɛr]
geel (bn)	jaune (adj)	[ʒon]
rood (bn)	rouge (adj)	[ruʒ]

blauw (bn)	bleu (adj)	[blø]
lichtblauw (bn)	bleu clair (adj)	[blø klɛr]
roze (bn)	rose (adj)	[roz]
oranje (bn)	orange (adj)	[ɔrɑ̃ʒ]
violet (bn)	violet (adj)	[vjɔlɛ]
bruin (bn)	brun (adj)	[brœ̃]

goud (bn)	d'or (adj)	[dɔr]
zilverkleurig (bn)	argenté (adj)	[arʒɑ̃te]

beige (bn)	beige (adj)	[bɛʒ]
roomkleurig (bn)	crème (adj)	[krɛm]
turkoois (bn)	turquoise (adj)	[tyrkwaz]
kersrood (bn)	rouge cerise (adj)	[ruʒ səriz]
lila (bn)	lilas (adj)	[lila]
karmijnrood (bn)	framboise (adj)	[frɑ̃bwaz]

licht (bn)	clair (adj)	[klɛr]
donker (bn)	foncé (adj)	[fɔ̃se]
fel (bn)	vif (adj)	[vif]

kleur-, kleurig (bn)	de couleur (adj)	[də kulœr]
kleuren- (abn)	en couleurs (adj)	[ɑ̃ kulœr]
zwart-wit (bn)	noir et blanc (adj)	[nwar e blɑ̃]
eenkleurig (bn)	monochrome (adj)	[mɔnɔkrom]
veelkleurig (bn)	multicolore (adj)	[myltikɔlɔr]

11. Meeteenheden

gewicht (het)	poids (m)	[pwa]
lengte (de)	longueur (f)	[lɔ̃gœr]

breedte (de)	largeur (f)	[larʒœr]
hoogte (de)	hauteur (f)	[otœr]
diepte (de)	profondeur (f)	[prɔfɔ̃dœr]
volume (het)	volume (m)	[vɔlym]
oppervlakte (de)	surface (f)	[syrfas]

gram (het)	gramme (m)	[gram]
milligram (het)	milligramme (m)	[miligram]
kilogram (het)	kilogramme (m)	[kilɔgram]
ton (duizend kilo)	tonne (f)	[tɔn]
pond (het)	livre (f)	[livr]
ons (het)	once (f)	[ɔ̃s]

meter (de)	mètre (m)	[mɛtr]
millimeter (de)	millimètre (m)	[milimɛtr]
centimeter (de)	centimètre (m)	[sɑ̃timɛtr]
kilometer (de)	kilomètre (m)	[kilɔmɛtr]
mijl (de)	mille (m)	[mil]

duim (de)	pouce (m)	[pus]
voet (de)	pied (m)	[pje]
yard (de)	yard (m)	[jard]

| vierkante meter (de) | mètre (m) carré | [mɛtr kare] |
| hectare (de) | hectare (m) | [ɛktar] |

liter (de)	litre (m)	[litr]
graad (de)	degré (m)	[dəgre]
volt (de)	volt (m)	[vɔlt]
ampère (de)	ampère (m)	[ɑ̃pɛr]
paardenkracht (de)	cheval-vapeur (m)	[ʃəvalvapœr]

hoeveelheid (de)	quantité (f)	[kɑ̃tite]
een beetje ...	un peu de ...	[œ̃ pø də]
helft (de)	moitié (f)	[mwatje]
dozijn (het)	douzaine (f)	[duzɛn]
stuk (het)	pièce (f)	[pjɛs]

| afmeting (de) | dimension (f) | [dimɑ̃sjɔ̃] |
| schaal (bijv. ~ van 1 op 50) | échelle (f) | [eʃɛl] |

minimaal (bn)	minimal (adj)	[minimal]
minste (bn)	le plus petit (adj)	[lə ply pəti]
medium (bn)	moyen (adj)	[mwajɛ̃]
maximaal (bn)	maximal (adj)	[maksimal]
grootste (bn)	le plus grand (adj)	[lə ply grɑ̃]

12. Containers

glazen pot (de)	bocal (m)	[bɔkal]
blik (conserven~)	boîte (f) en fer-blanc	[bwat ɑ̃ fɛrblɑ̃]
emmer (de)	seau (m)	[so]
ton (bijv. regenton)	tonneau (m)	[tɔno]
ronde waterbak (de)	bassine (f)	[basin]

tank (bijv. watertank-70-ltr)	**réservoir** (m)	[rezɛrvwar]
heupfles (de)	**flasque** (f)	[flask]
jerrycan (de)	**jerrycan** (m)	[ʒerikan]
tank (bijv. ketelwagen)	**citerne** (f)	[sitɛrn]

beker (de)	**grande tasse** (f)	[grɑ̃d tɑs]
kopje (het)	**tasse** (f)	[tɑs]
schoteltje (het)	**soucoupe** (f)	[sukup]
glas (het)	**verre** (m)	[vɛr]
wijnglas (het)	**verre** (m) **à pied**	[vɛr a pje]
steelpan (de)	**casserole** (f)	[kasrɔl]

fles (de)	**bouteille** (f)	[butɛj]
flessenhals (de)	**goulot** (m)	[gulo]

karaf (de)	**carafe** (f)	[karaf]
kruik (de)	**cruche** (f)	[kryʃ]
vat (het)	**récipient** (m)	[resipjɑ̃]
pot (de)	**pot** (m)	[po]
vaas (de)	**vase** (m)	[vaz]

flacon (de)	**flacon** (m)	[flakɔ̃]
flesje (het)	**fiole** (f)	[fjɔl]
tube (bijv. ~ tandpasta)	**tube** (m)	[tyb]

zak (bijv. ~ aardappelen)	**sac** (m)	[sak]
tasje (het)	**sac** (m)	[sak]
pakje (~ sigaretten, enz.)	**paquet** (m)	[pakɛ]

doos (de)	**boîte** (f)	[bwat]
kist (de)	**caisse** (f)	[kɛs]
mand (de)	**panier** (m)	[panje]

BELANGRIJKSTE WERKWOORDEN

13. De belangrijkste werkwoorden. Deel 1

aanbevelen (ww)	recommander (vt)	[rəkɔmɑ̃de]
aandringen (ww)	insister (vi)	[ɛ̃siste]
aankomen (per auto, enz.)	venir (vi)	[vənir]
aanraken (ww)	toucher (vt)	[tuʃe]
adviseren (ww)	conseiller (vt)	[kɔ̃seje]

afdalen (on.ww.)	descendre (vi)	[desɑ̃dr]
afslaan (naar rechts ~)	tourner (vi)	[turne]
antwoorden (ww)	répondre (vi, vt)	[repɔ̃dr]
bang zijn (ww)	avoir peur	[avwar pœr]
bedreigen (bijv. met een pistool)	menacer (vt)	[mənase]

bedriegen (ww)	tromper (vt)	[trɔ̃pe]
beëindigen (ww)	finir (vt)	[finir]
beginnen (ww)	commencer (vt)	[kɔmɑ̃se]
begrijpen (ww)	comprendre (vt)	[kɔ̃prɑ̃dr]
beheren (managen)	diriger (vt)	[diriʒe]

beledigen (met scheldwoorden)	insulter (vt)	[ɛ̃sylte]
beloven (ww)	promettre (vt)	[prɔmɛtr]
bereiden (koken)	préparer (vt)	[prepare]
bespreken (spreken over)	discuter (vt)	[diskyte]

bestellen (eten ~)	commander (vt)	[kɔmɑ̃de]
bestraffen (een stout kind ~)	punir (vt)	[pynir]
betalen (ww)	payer (vi, vt)	[peje]
betekenen (beduiden)	signifier (vt)	[siɲifje]
betreuren (ww)	regretter (vt)	[rəgrɛte]

bevallen (prettig vinden)	plaire (vt)	[plɛr]
bevelen (mil.)	ordonner (vt)	[ɔrdɔne]
bevrijden (stad, enz.)	libérer (vt)	[libere]
bewaren (ww)	garder (vt)	[garde]
bezitten (ww)	posséder (vt)	[pɔsede]

bidden (praten met God)	prier (vt)	[prije]
binnengaan (een kamer ~)	entrer (vi)	[ɑ̃tre]
breken (ww)	casser (vt)	[kase]
controleren (ww)	contrôler (vt)	[kɔ̃trole]
creëren (ww)	créer (vt)	[kree]

deelnemen (ww)	participer à ...	[partisipe a]
denken (ww)	penser (vi, vt)	[pɑ̃se]
doden (ww)	tuer (vt)	[tɥe]

| doen (ww) | faire (vt) | [fɛr] |
| dorst hebben (ww) | avoir soif | [avwar swaf] |

14. De belangrijkste werkwoorden. Deel 2

een hint geven	donner un indice	[dɔne ynɛ̃dis]
eisen (met klem vragen)	exiger (vt)	[ɛgiʒe]
excuseren (vergeven)	excuser (vt)	[ɛkskyze]
existeren (bestaan)	exister (vi)	[ɛgziste]
gaan (te voet)	aller (vi)	[ale]

gaan zitten (ww)	s'asseoir (vp)	[saswar]
gaan zwemmen	se baigner (vp)	[sə beɲe]
geven (ww)	donner (vt)	[dɔne]
glimlachen (ww)	sourire (vi)	[surir]
goed raden (ww)	deviner (vt)	[dəvine]

grappen maken (ww)	plaisanter (vi)	[plɛzɑ̃te]
graven (ww)	creuser (vt)	[krøze]
hebben (ww)	avoir (vt)	[avwar]
helpen (ww)	aider (vt)	[ede]
herhalen (opnieuw zeggen)	répéter (vt)	[repete]
honger hebben (ww)	avoir faim	[avwar fɛ̃]

hopen (ww)	espérer (vi)	[ɛspere]
horen (waarnemen met het oor)	entendre (vt)	[ɑ̃tɑ̃dr]
huilen (wenen)	pleurer (vi)	[plœre]
huren (huis, kamer)	louer (vt)	[lwe]
informeren (informatie geven)	informer (vt)	[ɛ̃fɔrme]
instemmen (akkoord gaan)	être d'accord	[ɛtr dakɔr]
jagen (ww)	chasser (vi, vt)	[ʃase]
kennen (kennis hebben van iemand)	connaître (vt)	[kɔnɛtr]
kiezen (ww)	choisir (vt)	[ʃwazir]
klagen (ww)	se plaindre (vp)	[sə plɛ̃dr]

kosten (ww)	coûter (vt)	[kute]
kunnen (ww)	pouvoir (v aux)	[puvwar]
lachen (ww)	rire (vi)	[rir]
laten vallen (ww)	faire tomber	[fɛr tɔ̃be]
lezen (ww)	lire (vi, vt)	[lir]

liefhebben (ww)	aimer (vt)	[eme]
lunchen (ww)	déjeuner (vi)	[deʒœne]
nemen (ww)	prendre (vt)	[prɑ̃dr]
nodig zijn (ww)	être nécessaire	[ɛtr nesesɛr]

15. De belangrijkste werkwoorden. Deel 3

| onderschatten (ww) | sous-estimer (vt) | [suzɛstime] |
| ondertekenen (ww) | signer (vt) | [siɲe] |

ontbijten (ww)	prendre le petit déjeuner	[prɑ̃dr ləpti deʒœne]
openen (ww)	ouvrir (vt)	[uvrir]
ophouden (ww)	cesser (vt)	[sese]
opmerken (zien)	apercevoir (vt)	[apɛrsəvwar]
opscheppen (ww)	se vanter (vp)	[sə vɑ̃te]
opschrijven (ww)	prendre en note	[prɑ̃dr ɑ̃ nɔt]
plannen (ww)	planifier (vt)	[planifje]
prefereren (verkiezen)	préférer (vt)	[prefere]
proberen (trachten)	essayer (vt)	[eseje]
redden (ww)	sauver (vt)	[sove]
rekenen op ...	compter sur ...	[kɔ̃te syr]
rennen (ww)	courir (vt)	[kurir]
reserveren (een hotelkamer ~)	réserver (vt)	[rezɛrve]
roepen (om hulp)	appeler (vt)	[aple]
schieten (ww)	tirer (vi)	[tire]
schreeuwen (ww)	crier (vi)	[krije]
schrijven (ww)	écrire (vt)	[ekrir]
souperen (ww)	dîner (vi)	[dine]
spelen (kinderen)	jouer (vt)	[ʒwe]
spreken (ww)	parler (vi, vt)	[parle]
stelen (ww)	voler (vt)	[vɔle]
stoppen (pauzeren)	s'arrêter (vp)	[sarete]
studeren (Nederlands ~)	étudier (vt)	[etydje]
sturen (zenden)	envoyer (vt)	[ɑ̃vwaje]
tellen (optellen)	compter (vi, vt)	[kɔ̃te]
toebehoren ...	appartenir à ...	[apartənir a]
toestaan (ww)	permettre (vt)	[pɛrmɛtr]
tonen (ww)	montrer (vt)	[mɔ̃tre]
twijfelen (onzeker zijn)	douter (vt)	[dute]
uitgaan (ww)	sortir (vi)	[sɔrtir]
uitnodigen (ww)	inviter (vt)	[ɛ̃vite]
uitspreken (ww)	prononcer (vt)	[prɔnɔ̃se]
uitvaren tegen (ww)	gronder (vt)	[grɔ̃de]

16. De belangrijkste werkwoorden. Deel 4

vallen (ww)	tomber (vi)	[tɔ̃be]
vangen (ww)	attraper (vt)	[atrape]
veranderen (anders maken)	changer (vt)	[ʃɑ̃ʒe]
verbaasd zijn (ww)	s'étonner (vp)	[setɔne]
verbergen (ww)	cacher (vt)	[kaʃe]
verdedigen (je land ~)	défendre (vt)	[defɑ̃dr]
verenigen (ww)	réunir (vt)	[reynir]
vergelijken (ww)	comparer (vt)	[kɔ̃pare]
vergeten (ww)	oublier (vt)	[ublije]
vergeven (ww)	pardonner (vt)	[pardɔne]
verklaren (uitleggen)	expliquer (vt)	[ɛksplike]

verkopen (per stuk ~)	vendre (vt)	[vãdr]
vermelden (praten over)	mentionner (vt)	[mãsjɔne]
versieren (decoreren)	décorer (vt)	[dekɔre]
vertalen (ww)	traduire (vt)	[tradyir]
vertrouwen (ww)	avoir confiance	[avwar kõfjãs]
vervolgen (ww)	continuer (vt)	[kõtinye]
verwarren (met elkaar ~)	confondre (vt)	[kõfõdr]
verzoeken (ww)	demander (vt)	[dəmãde]
verzuimen (school, enz.)	manquer (vt)	[mãke]
vinden (ww)	trouver (vt)	[truve]
vliegen (ww)	voler (vi)	[vɔle]
volgen (ww)	suivre (vt)	[sɥivr]
voorstellen (ww)	proposer (vt)	[prɔpoze]
voorzien (verwachten)	prévoir (vt)	[prevwar]
vragen (ww)	demander (vt)	[dəmãde]
waarnemen (ww)	observer (vt)	[ɔpsɛrve]
waarschuwen (ww)	avertir (vt)	[avɛrtir]
wachten (ww)	attendre (vt)	[atãdr]
weerspreken (ww)	objecter (vt)	[ɔbʒɛkte]
weigeren (ww)	se refuser (vp)	[sə rəfyze]
werken (ww)	travailler (vi)	[travaje]
weten (ww)	savoir (vt)	[savwar]
willen (verlangen)	vouloir (vt)	[vulwar]
zeggen (ww)	dire (vt)	[dir]
zich haasten (ww)	être pressé	[ɛtr prese]
zich interesseren voor ...	s'intéresser (vp)	[sɛ̃terese]
zich vergissen (ww)	se tromper (vp)	[sə trõpe]
zich verontschuldigen	s'excuser (vp)	[sɛkskyze]
zien (ww)	voir (vt)	[vwar]
zijn (ww)	être (vi)	[ɛtr]
zoeken (ww)	chercher (vt)	[ʃɛrʃe]
zwemmen (ww)	nager (vi)	[naʒe]
zwijgen (ww)	rester silencieux	[rɛste silãsjø]

TIJD. KALENDER

17. Dagen van de week

maandag (de)	lundi (m)	[lœ̃di]
dinsdag (de)	mardi (m)	[mardi]
woensdag (de)	mercredi (m)	[mɛrkrədi]
donderdag (de)	jeudi (m)	[ʒødi]
vrijdag (de)	vendredi (m)	[vãdrədi]
zaterdag (de)	samedi (m)	[samdi]
zondag (de)	dimanche (m)	[dimãʃ]
vandaag (bw)	aujourd'hui (adv)	[oʒurdɥi]
morgen (bw)	demain (adv)	[dəmɛ̃]
overmorgen (bw)	après-demain (adv)	[aprɛdmɛ̃]
gisteren (bw)	hier (adv)	[ijɛr]
eergisteren (bw)	avant-hier (adv)	[avãtjɛr]
dag (de)	jour (m)	[ʒur]
werkdag (de)	jour (m) ouvrable	[ʒur uvrabl]
feestdag (de)	jour (m) férié	[ʒur ferje]
verlofdag (de)	jour (m) de repos	[ʒur də rəpo]
weekend (het)	week-end (m)	[wikɛnd]
de hele dag (bw)	toute la journée	[tut la ʒurne]
de volgende dag (bw)	le lendemain	[lãdmɛ̃]
twee dagen geleden	il y a 2 jours	[ilja də ʒur]
aan de vooravond (bw)	la veille	[la vɛj]
dag-, dagelijks (bn)	quotidien (adj)	[kɔtidjɛ̃]
elke dag (bw)	tous les jours	[tu le ʒur]
week (de)	semaine (f)	[səmɛn]
vorige week (bw)	la semaine dernière	[la səmɛn dɛrnjɛr]
volgende week (bw)	la semaine prochaine	[la səmɛn prɔʃɛn]
wekelijks (bn)	hebdomadaire (adj)	[ɛbdɔmadɛr]
elke week (bw)	chaque semaine	[ʃak səmɛn]
twee keer per week	2 fois par semaine	[dø fwa par səmɛn]
elke dinsdag	tous les mardis	[tu le mardi]

18. Uren. Dag en nacht

morgen (de)	matin (m)	[matɛ̃]
's morgens (bw)	le matin	[lə matɛ̃]
middag (de)	midi (m)	[midi]
's middags (bw)	dans l'après-midi	[dã laprɛmidi]
avond (de)	soir (m)	[swar]
's avonds (bw)	le soir	[lə swar]

nacht (de)	nuit (f)	[nɥi]
's nachts (bw)	la nuit	[la nɥi]
middernacht (de)	minuit (f)	[minɥi]
seconde (de)	seconde (f)	[səgɔ̃d]
minuut (de)	minute (f)	[minyt]
uur (het)	heure (f)	[œr]
halfuur (het)	demi-heure (f)	[dəmijœr]
kwartier (het)	un quart d'heure	[œ̃ kar dœr]
vijftien minuten	quinze minutes	[kɛ̃z minyt]
etmaal (het)	vingt-quatre heures	[vɛ̃tkatr œr]
zonsopgang (de)	lever (m) du soleil	[ləve dy sɔlɛj]
dageraad (de)	aube (f)	[ob]
vroege morgen (de)	pointe (f) du jour	[pwɛ̃t dy ʒur]
zonsondergang (de)	coucher (m) du soleil	[kuʃe dy sɔlɛj]
's morgens vroeg (bw)	tôt le matin	[to lə matɛ̃]
vanmorgen (bw)	ce matin	[sə matɛ̃]
morgenochtend (bw)	demain matin	[dəmɛ̃ matɛ̃]
vanmiddag (bw)	cet après-midi	[sɛt aprɛmidi]
's middags (bw)	dans l'après-midi	[dɑ̃ laprɛmidi]
morgenmiddag (bw)	demain après-midi	[dəmɛn aprɛmidi]
vanavond (bw)	ce soir	[sə swar]
morgenavond (bw)	demain soir	[dəmɛ̃ swar]
klokslag drie uur	à 3 heures précises	[a trwa zœr presiz]
ongeveer vier uur	autour de 4 heures	[otur də katr œr]
tegen twaalf uur	vers midi	[vɛr midi]
over twintig minuten	dans 20 minutes	[dɑ̃ vɛ̃ minyt]
over een uur	dans une heure	[dɑ̃zyn œr]
op tijd (bw)	à temps	[a tɑ̃]
kwart voor ...	moins le quart	[mwɛ̃ lə kar]
binnen een uur	en une heure	[ɑnyn œr]
elk kwartier	tous les quarts d'heure	[tu le kar dœr]
de klok rond	24 heures sur 24	[vɛ̃tkatr œr syr vɛ̃tkatr]

19. Maanden. Seizoenen

januari (de)	janvier (m)	[ʒɑ̃vje]
februari (de)	février (m)	[fevrije]
maart (de)	mars (m)	[mars]
april (de)	avril (m)	[avril]
mei (de)	mai (m)	[mɛ]
juni (de)	juin (m)	[ʒɥɛ̃]
juli (de)	juillet (m)	[ʒɥijɛ]
augustus (de)	août (m)	[ut]
september (de)	septembre (m)	[sepaRemɑ̃]
oktober (de)	octobre (m)	[ɔktɔbr]

november (de)	novembre (m)	[nɔvɑ̃br]
december (de)	décembre (m)	[desɑ̃br]
lente (de)	printemps (m)	[prɛ̃tɑ̃]
in de lente (bw)	au printemps	[oprɛ̃tɑ̃]
lente- (abn)	de printemps (adj)	[də prɛ̃tɑ̃]
zomer (de)	été (m)	[ete]
in de zomer (bw)	en été	[ɑn ete]
zomer-, zomers (bn)	d'été (adj)	[dete]
herfst (de)	automne (m)	[otɔn]
in de herfst (bw)	en automne	[ɑn otɔn]
herfst- (abn)	d'automne (adj)	[dotɔn]
winter (de)	hiver (m)	[ivɛr]
in de winter (bw)	en hiver	[ɑn ivɛr]
winter- (abn)	d'hiver (adj)	[divɛr]
maand (de)	mois (m)	[mwa]
deze maand (bw)	ce mois	[sə mwa]
volgende maand (bw)	le mois prochain	[lə mwa prɔʃɛ̃]
vorige maand (bw)	le mois dernier	[lə mwa dɛrnje]
een maand geleden (bw)	il y a un mois	[ilja œ̃ mwa]
over een maand (bw)	dans un mois	[dɑ̃zœn mwa]
over twee maanden (bw)	dans 2 mois	[dɑ̃ dø mwa]
de hele maand (bw)	tout le mois	[tu lə mwa]
een volle maand (bw)	tout un mois	[tutœ̃ mwa]
maand-, maandelijks (bn)	mensuel (adj)	[mɑ̃sɥɛl]
maandelijks (bw)	tous les mois	[tu le mwa]
elke maand (bw)	chaque mois	[ʃak mwa]
twee keer per maand	2 fois par mois	[dø fwa par mwa]
jaar (het)	année (f)	[ane]
dit jaar (bw)	cette année	[sɛt ane]
volgend jaar (bw)	l'année prochaine	[lane prɔʃɛn]
vorig jaar (bw)	l'année dernière	[lane dɛrnjɛr]
een jaar geleden (bw)	il y a un an	[ilja œnɑ̃]
over een jaar	dans un an	[dɑ̃zœn ɑ̃]
over twee jaar	dans 2 ans	[dɑ̃ dø zɑ̃]
het hele jaar	toute l'année	[tut lane]
een vol jaar	toute une année	[tutyn ane]
elk jaar	chaque année	[ʃak ane]
jaar-, jaarlijks (bn)	annuel (adj)	[anɥɛl]
jaarlijks (bw)	tous les ans	[tu lezɑ̃]
4 keer per jaar	4 fois par an	[katr fwa parɑ̃]
datum (de)	date (f)	[dat]
datum (de)	date (f)	[dat]
kalender (de)	calendrier (m)	[kalɑ̃drije]
een half jaar	six mois	[si mwa]
zes maanden	semestre (m)	[səmɛstr]

seizoen (bijv. lente, zomer)	**saison** (f)	[sɛzɔ̃]
eeuw (de)	**siècle** (m)	[sjɛkl]

REIZEN. HOTEL

20. Trip. Reizen

toerisme (het)	tourisme (m)	[turism]
toerist (de)	touriste (m)	[turist]
reis (de)	voyage (m)	[vwajaʒ]
avontuur (het)	aventure (f)	[avãtyr]
tocht (de)	voyage (m)	[vwajaʒ]
vakantie (de)	vacances (f pl)	[vakãs]
met vakantie zijn	être en vacances	[ɛtr ã vakãs]
rust (de)	repos (m)	[rəpo]
trein (de)	train (m)	[trɛ̃]
met de trein	en train	[ã trɛ̃]
vliegtuig (het)	avion (m)	[avjɔ̃]
met het vliegtuig	en avion	[ɑn avjɔ̃]
met de auto	en voiture	[ã vwatyr]
per schip (bw)	en bateau	[ã bato]
bagage (de)	bagage (m)	[bagaʒ]
valies (de)	malle (f)	[mal]
bagagekarretje (het)	chariot (m)	[ʃarjo]
paspoort (het)	passeport (m)	[pɑspɔr]
visum (het)	visa (m)	[viza]
kaartje (het)	ticket (m)	[tikɛ]
vliegticket (het)	billet (m) d'avion	[bijɛ davjɔ̃]
reisgids (de)	guide (m)	[gid]
kaart (de)	carte (f)	[kart]
gebied (landelijk ~)	région (f)	[reʒjɔ̃]
plaats (de)	endroit (m)	[ãdrwa]
exotische bestemming (de)	exotisme (m)	[ɛgzɔtism]
exotisch (bn)	exotique (adj)	[ɛgzɔtik]
verwonderlijk (bn)	étonnant (adj)	[etɔnã]
groep (de)	groupe (m)	[grup]
rondleiding (de)	excursion (f)	[ɛkskyrsjɔ̃]
gids (de)	guide (m)	[gid]

21. Hotel

hotel (het)	hôtel (m)	[otɛl]
motel (het)	motel (m)	[mɔtɛl]
3-sterren	3 étoiles	[trwa zetwal]

5-sterren	5 étoiles	[sɛ̆k etwal]
overnachten (ww)	descendre (vi)	[desɑ̃dr]
kamer (de)	chambre (f)	[ʃɑ̃br]
eenpersoonskamer (de)	chambre (f) simple	[ʃɑ̃br sɛ̃pl]
tweepersoonskamer (de)	chambre (f) double	[ʃɑ̃br dubl]
een kamer reserveren	réserver une chambre	[rezɛrve yn ʃɑ̃br]
halfpension (het)	demi-pension (f)	[dəmipɑ̃sjɔ̃]
volpension (het)	pension (f) complète	[pɑ̃sjɔ̃ kɔ̃plɛt]
met badkamer	avec une salle de bain	[avɛk yn saldəbɛ̃]
met douche	avec une douche	[avɛk yn duʃ]
satelliet-tv (de)	télévision (f) par satellite	[televizjɔ̃ par satelit]
airconditioner (de)	climatiseur (m)	[klimatizœr]
handdoek (de)	serviette (f)	[sɛrvjɛt]
sleutel (de)	clé, clef (f)	[kle]
administrateur (de)	administrateur (m)	[administratœr]
kamermeisje (het)	femme (f) de chambre	[fam də ʃɑ̃br]
piccolo (de)	porteur (m)	[pɔrtœr]
portier (de)	portier (m)	[pɔrtje]
restaurant (het)	restaurant (m)	[rɛstɔrɑ̃]
bar (de)	bar (m)	[bar]
ontbijt (het)	petit déjeuner (m)	[pəti deʒœne]
avondeten (het)	dîner (m)	[dine]
buffet (het)	buffet (m)	[byfɛ]
hal (de)	hall (m)	[ol]
lift (de)	ascenseur (m)	[asɑ̃sœr]
NIET STOREN	PRIÈRE DE NE PAS DÉRANGER	[prijɛr dənəpɑ derɑ̃ʒe]
VERBODEN TE ROKEN!	DÉFENSE DE FUMER	[defɑ̃s də fyme]

22. Bezienswaardigheden

monument (het)	monument (m)	[mɔnymɑ̃]
vesting (de)	forteresse (f)	[fɔrtərɛs]
paleis (het)	palais (m)	[palɛ]
kasteel (het)	château (m)	[ʃato]
toren (de)	tour (f)	[tur]
mausoleum (het)	mausolée (m)	[mozɔle]
architectuur (de)	architecture (f)	[arʃitɛktyr]
middeleeuws (bn)	médiéval (adj)	[medjeval]
oud (bn)	ancien (adj)	[ɑ̃sjɛ̃]
nationaal (bn)	national (adj)	[nasjɔnal]
bekend (bn)	connu (adj)	[kɔny]
toerist (de)	touriste (m)	[turist]
gids (de)	guide (m)	[gid]
rondleiding (de)	excursion (f)	[ɛkskyrsjɔ̃]

tonen (ww)	montrer (vt)	[mɔ̃tre]
vertellen (ww)	raconter (vt)	[rakɔ̃te]

vinden (ww)	trouver (vt)	[truve]
verdwalen (de weg kwijt zijn)	se perdre (vp)	[sə pɛrdr]
plattegrond (~ van de metro)	plan (m)	[plɑ̃]
plattegrond (~ van de stad)	carte (f)	[kart]

souvenir (het)	souvenir (m)	[suvnir]
souvenirwinkel (de)	boutique (f) de souvenirs	[butik də suvnir]
een foto maken (ww)	prendre en photo	[prɑ̃dr ɑ̃ fɔto]
zich laten fotograferen	se faire prendre en photo	[sə fɛr prɑ̃dr ɑ̃ fɔto]

VERVOER

23. Vliegveld

luchthaven (de)	aéroport (m)	[aeropɔr]
vliegtuig (het)	avion (m)	[avjɔ̃]
luchtvaartmaatschappij (de)	compagnie (f) aérienne	[kɔ̃paɲi aerjɛn]
luchtverkeersleider (de)	contrôleur (m) aérien	[kɔ̃trolœr aerjɛ̃]
vertrek (het)	départ (m)	[depar]
aankomst (de)	arrivée (f)	[arive]
aankomen (per vliegtuig)	arriver (vi)	[arive]
vertrektijd (de)	temps (m) de départ	[tɑ̃ də depar]
aankomstuur (het)	temps (m) d'arrivée	[tɑ̃ darive]
vertraagd zijn (ww)	être retardé	[ɛtr rətarde]
vluchtvertraging (de)	retard (m) de l'avion	[rətar də lavjɔ̃]
informatiebord (het)	tableau (m) d'informations	[tablo dɛ̃fɔrmasjɔ̃]
informatie (de)	information (f)	[ɛ̃fɔrmasjɔ̃]
aankondigen (ww)	annoncer (vt)	[anɔ̃se]
vlucht (bijv. KLM ~)	vol (m)	[vɔl]
douane (de)	douane (f)	[dwan]
douanier (de)	douanier (m)	[dwanje]
douaneaangifte (de)	déclaration (f) de douane	[deklarasjɔ̃ də dwan]
een douaneaangifte invullen	remplir la déclaration	[rɑ̃plir la deklarasjɔ̃]
paspoortcontrole (de)	contrôle (m) de passeport	[kɔ̃trol də paspɔr]
bagage (de)	bagage (m)	[bagaʒ]
handbagage (de)	bagage (m) à main	[bagaʒ a mɛ̃]
Gevonden voorwerpen	service des objets trouvés	[sɛrvis de ɔbʒɛ truve]
bagagekarretje (het)	chariot (m)	[ʃarjo]
landing (de)	atterrissage (m)	[aterisaʒ]
landingsbaan (de)	piste (f) d'atterrissage	[pist daterisaʒ]
landen (ww)	atterrir (vi)	[aterir]
vliegtuigtrap (de)	escalier (m) d'avion	[ɛskalje davjɔ̃]
inchecken (het)	enregistrement (m)	[ɑ̃rəʒistrəmɑ̃]
incheckbalie (de)	comptoir (m) d'enregistrement	[kɔ̃twar dɑ̃rəʒistrəmɑ̃]
inchecken (ww)	s'enregistrer (vp)	[sɑ̃rəʒistre]
instapkaart (de)	carte (f) d'embarquement	[kart dɑ̃barkəmɑ̃]
gate (de)	porte (f) d'embarquement	[pɔrt dɑ̃barkəmɑ̃]
transit (de)	transit (m)	[trɑ̃zit]
wachten (ww)	attendre (vt)	[atɑ̃dr]

wachtzaal (de)	salle (f) d'attente	[sal datɑ̃t]
begeleiden (uitwuiven)	raccompagner (vt)	[rakɔ̃paɲe]
afscheid nemen (ww)	dire au revoir	[dir ərəvwar]

24. Vliegtuig

vliegtuig (het)	avion (m)	[avjɔ̃]
vliegticket (het)	billet (m) d'avion	[bijɛ davjɔ̃]
luchtvaartmaatschappij (de)	compagnie (f) aérienne	[kɔ̃paɲi aerjɛn]
luchthaven (de)	aéroport (m)	[aeropɔr]
supersonisch (bn)	supersonique (adj)	[sypɛrsɔnik]
gezagvoerder (de)	commandant (m) de bord	[kɔmɑ̃dɑ̃ də bɔr]
bemanning (de)	équipage (m)	[ekipaʒ]
piloot (de)	pilote (m)	[pilɔt]
stewardess (de)	hôtesse (f) de l'air	[otɛs də lɛr]
stuurman (de)	navigateur (m)	[navigatœr]
vleugels (mv.)	ailes (f pl)	[ɛl]
staart (de)	queue (f)	[kø]
cabine (de)	cabine (f)	[kabin]
motor (de)	moteur (m)	[mɔtœr]
landingsgestel (het)	train (m) d'atterrissage	[trɛ̃ daterisaʒ]
turbine (de)	turbine (f)	[tyrbin]
propeller (de)	hélice (f)	[elis]
zwarte doos (de)	boîte (f) noire	[bwat nwar]
stuur (het)	gouvernail (m)	[guvɛrnaj]
brandstof (de)	carburant (m)	[karbyrɑ̃]
veiligheidskaart (de)	consigne (f) de sécurité	[kɔ̃siɲ də sekyrite]
zuurstofmasker (het)	masque (m) à oxygène	[mask a ɔksiʒɛn]
uniform (het)	uniforme (m)	[ynifɔrm]
reddingsvest (de)	gilet (m) de sauvetage	[ʒilɛ də sovtaʒ]
parachute (de)	parachute (m)	[paraʃyt]
opstijgen (het)	décollage (m)	[dekɔlaʒ]
opstijgen (ww)	décoller (vi)	[dekɔle]
startbaan (de)	piste (f) de décollage	[pist dekɔlaʒ]
zicht (het)	visibilité (f)	[vizibilite]
vlucht (de)	vol (m)	[vɔl]
hoogte (de)	altitude (f)	[altityd]
luchtzak (de)	trou (m) d'air	[tru dɛr]
plaats (de)	place (f)	[plas]
koptelefoon (de)	écouteurs (m pl)	[ekutœr]
tafeltje (het)	tablette (f)	[tablɛt]
venster (het)	hublot (m)	[yblo]
gangpad (het)	couloir (m)	[kulwar]

25. Trein

trein (de)	train (m)	[trɛ̃]
elektrische trein (de)	train (m) de banlieue	[trɛ̃ də bɑ̃ljø]
sneltrein (de)	TGV (m)	[teʒeve]
diesellocomotief (de)	locomotive (f) diesel	[lɔkɔmɔtiv djezɛl]
locomotief (de)	locomotive (f) à vapeur	[lɔkɔmɔtiv a vapœr]
rijtuig (het)	wagon (m)	[vagɔ̃]
restauratierijtuig (het)	wagon-restaurant (m)	[vagɔ̃rɛstɔrɑ̃]
rails (mv.)	rails (m pl)	[raj]
spoorweg (de)	chemin (m) de fer	[ʃəmɛ̃ də fɛr]
dwarsligger (de)	traverse (f)	[travɛrs]
perron (het)	quai (m)	[kɛ]
spoor (het)	voie (f)	[vwa]
semafoor (de)	sémaphore (m)	[semafɔr]
halte (bijv. kleine treinhalte)	station (f)	[stasjɔ̃]
machinist (de)	conducteur (m) de train	[kɔ̃dyktœr də trɛ̃]
kruier (de)	porteur (m)	[pɔrtœr]
conducteur (de)	steward (m)	[stiwart]
passagier (de)	passager (m)	[pasaʒe]
controleur (de)	contrôleur (m)	[kɔ̃trolœr]
gang (in een trein)	couloir (m)	[kulwar]
noodrem (de)	frein (m) d'urgence	[frɛ̃ dyrʒɑ̃s]
coupé (de)	compartiment (m)	[kɔ̃partimɑ̃]
bed (slaapplaats)	couchette (f)	[kuʃɛt]
bovenste bed (het)	couchette (f) d'en haut	[kuʃɛt dɛ̃ o]
onderste bed (het)	couchette (f) d'en bas	[kuʃɛt dɛ̃ba]
beddengoed (het)	linge (m) de lit	[lɛ̃ʒ də li]
kaartje (het)	ticket (m)	[tikɛ]
dienstregeling (de)	horaire (m)	[ɔrɛr]
informatiebord (het)	tableau (m) d'informations	[tablo dɛ̃fɔrmasjɔ̃]
vertrekken	partir (vi)	[partir]
(De trein vertrekt …)		
vertrek (ov. een trein)	départ (m)	[depar]
aankomen (ov. de treinen)	arriver (vi)	[arive]
aankomst (de)	arrivée (f)	[arive]
aankomen per trein	arriver en train	[arive ɑ̃ trɛ̃]
in de trein stappen	prendre le train	[prɑ̃dr lə trɛ̃]
uit de trein stappen	descendre du train	[desɑ̃dr dy trɛ̃]
treinwrak (het)	accident (m) ferroviaire	[aksidɑ̃ ferɔvjɛr]
ontspoord zijn	dérailler (vi)	[deraje]
locomotief (de)	locomotive (f) à vapeur	[lɔkɔmɔtiv a vapœr]
stoker (de)	chauffeur (m)	[ʃofœr]
stookplaats (de)	chauffe (f)	[ʃof]
steenkool (de)	charbon (m)	[ʃarbɔ̃]

26. Schip

schip (het)	bateau (m)	[bato]
vaartuig (het)	navire (m)	[navir]

stoomboot (de)	bateau (m) à vapeur	[bato ɑ vapœr]
motorschip (het)	paquebot (m)	[pakbo]
lijnschip (het)	bateau (m) de croisière	[bato də krwazjɛr]
kruiser (de)	croiseur (m)	[krwazœr]

jacht (het)	yacht (m)	[jot]
sleepboot (de)	remorqueur (m)	[rəmɔrkœr]
duwbak (de)	péniche (f)	[peniʃ]
ferryboot (de)	ferry (m)	[feri]

zeilboot (de)	voilier (m)	[vwalje]
brigantijn (de)	brigantin (m)	[brigɑ̃tɛ̃]

IJsbreker (de)	brise-glace (m)	[brizglas]
duikboot (de)	sous-marin (m)	[sumarɛ̃]

boot (de)	canot (m) à rames	[kano ɑ ram]
sloep (de)	dinghy (m)	[diŋgi]
reddingssloep (de)	canot (m) de sauvetage	[kano də sovtaʒ]
motorboot (de)	canot (m) à moteur	[kano ɑ mɔtœr]

kapitein (de)	capitaine (m)	[kapitɛn]
zeeman (de)	matelot (m)	[matlo]
matroos (de)	marin (m)	[marɛ̃]
bemanning (de)	équipage (m)	[ekipaʒ]

bootsman (de)	maître (m) d'équipage	[mɛtr dekipaʒ]
scheepsjongen (de)	mousse (m)	[mus]
kok (de)	cuisinier (m) du bord	[kɥizinje dy bɔr]
scheepsarts (de)	médecin (m) de bord	[medsɛ̃ də bɔr]

dek (het)	pont (m)	[põ]
mast (de)	mât (m)	[mɑ]
zeil (het)	voile (f)	[vwal]

ruim (het)	cale (f)	[kal]
voorsteven (de)	proue (f)	[pru]
achtersteven (de)	poupe (f)	[pup]
roeispaan (de)	rame (f)	[ram]
schroef (de)	hélice (f)	[elis]

kajuit (de)	cabine (f)	[kabin]
officierskamer (de)	carré (m) des officiers	[kare dezɔfisje]
machinekamer (de)	salle (f) des machines	[sal de maʃin]
brug (de)	passerelle (f)	[pasrɛl]
radiokamer (de)	cabine (f) de T.S.F.	[kabin də teɛsɛf]
radiogolf (de)	onde (f)	[õd]
logboek (het)	journal (m) de bord	[ʒurnal də bɔr]
verrekijker (de)	longue-vue (f)	[lõgvy]
klok (de)	cloche (f)	[klɔʃ]

vlag (de)	pavillon (m)	[pavijɔ̃]
kabel (de)	grosse corde (f) tressée	[gros kɔrd trese]
knoop (de)	nœud (m) marin	[nø marɛ̃]
trapleuning (de)	rampe (f)	[rɑ̃p]
trap (de)	passerelle (f)	[pasrɛl]
anker (het)	ancre (f)	[ɑ̃kr]
het anker lichten	lever l'ancre	[ləve lɑ̃kr]
het anker neerlaten	jeter l'ancre	[ʒəte lɑ̃kr]
ankerketting (de)	chaîne (f) d'ancrage	[ʃɛn dɑ̃kraʒ]
haven (bijv. containerhaven)	port (m)	[pɔr]
kaai (de)	embarcadère (m)	[ɑ̃barkadɛr]
aanleggen (ww)	accoster (vi)	[akɔste]
wegvaren (ww)	larguer les amarres	[large lezamar]
reis (de)	voyage (m)	[vwajaʒ]
cruise (de)	croisière (f)	[krwazjɛr]
koers (de)	cap (m)	[kap]
route (de)	itinéraire (m)	[itinerɛr]
vaarwater (het)	chenal (m)	[ʃənal]
zandbank (de)	bas-fond (m)	[bafɔ̃]
stranden (ww)	échouer sur un bas-fond	[eʃwe syr œ̃ bafɔ̃]
storm (de)	tempête (f)	[tɑ̃pɛt]
signaal (het)	signal (m)	[siɲal]
zinken (ov. een boot)	sombrer (vi)	[sɔ̃bre]
Man overboord!	Un homme à la mer!	[ynɔm alamɛr]
SOS (noodsignaal)	SOS (m)	[ɛsoɛs]
reddingsboei (de)	bouée (f) de sauvetage	[bwe də sovtaʒ]

STAD

27. Stedelijk vervoer

bus, autobus (de)	autobus (m)	[otobys]
tram (de)	tramway (m)	[tramwɛ]
trolleybus (de)	trolleybus (m)	[trɔlɛbys]
route (de)	itinéraire (m)	[itinerɛr]
nummer (busnummer, enz.)	numéro (m)	[nymero]
rijden met ...	prendre ...	[prɑ̃dr]
stappen (in de bus ~)	monter (vi)	[mɔ̃te]
afstappen (ww)	descendre de ...	[desɑ̃dr də]
halte (de)	arrêt (m)	[arɛ]
volgende halte (de)	arrêt (m) prochain	[arɛt prɔʃɛ̃]
eindpunt (het)	terminus (m)	[tɛrminys]
dienstregeling (de)	horaire (m)	[ɔrɛr]
wachten (ww)	attendre (vt)	[atɑ̃dr]
kaartje (het)	ticket (m)	[tikɛ]
reiskosten (de)	prix (m) du ticket	[pri dy tikɛ]
kassier (de)	caissier (m)	[kesje]
kaartcontrole (de)	contrôle (m) des tickets	[kɔ̃trol de tikɛ]
controleur (de)	contrôleur (m)	[kɔ̃trolœr]
te laat zijn (ww)	être en retard	[ɛtr ɑ̃ rətar]
missen (de bus ~)	rater (vt)	[rate]
zich haasten (ww)	se dépêcher	[sə depeʃe]
taxi (de)	taxi (m)	[taksi]
taxichauffeur (de)	chauffeur (m) de taxi	[ʃofœr də taksi]
met de taxi (bw)	en taxi	[ɑ̃ taksi]
taxistandplaats (de)	arrêt (m) de taxi	[arɛ də taksi]
een taxi bestellen	appeler un taxi	[aple œ̃ taksi]
een taxi nemen	prendre un taxi	[prɑ̃dr œ̃ taksi]
verkeer (het)	trafic (m)	[trafik]
file (de)	embouteillage (m)	[ɑ̃butɛjaʒ]
spitsuur (het)	heures (f pl) de pointe	[œr də pwɛ̃t]
parkeren (on.ww.)	se garer (vp)	[sə gare]
parkeren (ov.ww.)	garer (vt)	[gare]
parking (de)	parking (m)	[parkiŋ]
metro (de)	métro (m)	[metro]
halte (bijv. kleine treinhalte)	station (f)	[stasjɔ̃]
de metro nemen	prendre le métro	[prɑ̃dr lə metro]
trein (de)	train (m)	[trɛ̃]
station (treinstation)	gare (f)	[gar]

28. Stad. Het leven in de stad

stad (de)	ville (f)	[vil]
hoofdstad (de)	capitale (f)	[kapital]
dorp (het)	village (m)	[vilaʒ]
plattegrond (de)	plan (m) de la ville	[plɑ̃ də la vil]
centrum (ov. een stad)	centre-ville (m)	[sɑ̃trəvil]
voorstad (de)	banlieue (f)	[bɑ̃ljø]
voorstads- (abn)	de banlieue (adj)	[də bɑ̃ljø]
randgemeente (de)	périphérie (f)	[periferi]
omgeving (de)	alentours (m pl)	[alɑ̃tur]
blok (huizenblok)	quartier (m)	[kartje]
woonwijk (de)	quartier (m) résidentiel	[kartje rezidɑ̃sjɛl]
verkeer (het)	trafic (m)	[trafik]
verkeerslicht (het)	feux (m pl) de circulation	[fø də sirkylasjɔ̃]
openbaar vervoer (het)	transport (m) urbain	[trɑ̃spɔr yrbɛ̃]
kruispunt (het)	carrefour (m)	[karfur]
zebrapad (oversteekplaats)	passage (m) piéton	[pɑsaʒ pjetɔ̃]
onderdoorgang (de)	passage (m) souterrain	[pɑsaʒ sutɛrɛ̃]
oversteken (de straat ~)	traverser (vt)	[travɛrse]
voetganger (de)	piéton (m)	[pjetɔ̃]
trottoir (het)	trottoir (m)	[trɔtwar]
brug (de)	pont (m)	[pɔ̃]
dijk (de)	quai (m)	[kɛ]
fontein (de)	fontaine (f)	[fɔ̃tɛn]
allee (de)	allée (f)	[ale]
park (het)	parc (m)	[park]
boulevard (de)	boulevard (m)	[bulvar]
plein (het)	place (f)	[plas]
laan (de)	avenue (f)	[avny]
straat (de)	rue (f)	[ry]
zijstraat (de)	ruelle (f)	[rɥɛl]
doodlopende straat (de)	impasse (f)	[ɛ̃pas]
huis (het)	maison (f)	[mɛzɔ̃]
gebouw (het)	édifice (m)	[edifis]
wolkenkrabber (de)	gratte-ciel (m)	[gratsjɛl]
gevel (de)	façade (f)	[fasad]
dak (het)	toit (m)	[twa]
venster (het)	fenêtre (f)	[fənɛtr]
boog (de)	arc (m)	[ark]
pilaar (de)	colonne (f)	[kɔlɔn]
hoek (ov. een gebouw)	coin (m)	[kwɛ̃]
vitrine (de)	vitrine (f)	[vitrin]
gevelreclame (de)	enseigne (f)	[ɑ̃sɛɲ]
affiche (de/het)	affiche (f)	[afiʃ]
reclameposter (de)	affiche (f) publicitaire	[afiʃ pyblisitɛr]

aanplakbord (het)	panneau-réclame (m)	[pano reklam]
vuilnis (de/het)	ordures (f pl)	[ɔrdyr]
vuilnisbak (de)	poubelle (f)	[pubɛl]
afval weggooien (ww)	jeter ... à terre	[ʒəte ... a tɛr]
stortplaats (de)	décharge (f)	[deʃarʒ]
telefooncel (de)	cabine (f) téléphonique	[kabin telefɔnik]
straatlicht (het)	réverbère (m)	[revɛrbɛr]
bank (de)	banc (m)	[bɑ̃]
politieagent (de)	policier (m)	[pɔlisje]
politie (de)	police (f)	[pɔlis]
zwerver (de)	clochard (m)	[klɔʃar]
dakloze (de)	sans-abri (m)	[sɑ̃zabri]

29. Stedelijke instellingen

winkel (de)	magasin (m)	[magazɛ̃]
apotheek (de)	pharmacie (f)	[farmasi]
optiek (de)	opticien (m)	[ɔptisjɛ̃]
winkelcentrum (het)	centre (m) commercial	[sɑ̃tr kɔmɛrsjal]
supermarkt (de)	supermarché (m)	[sypɛrmarʃe]
bakkerij (de)	boulangerie (f)	[bulɑ̃ʒri]
bakker (de)	boulanger (m)	[bulɑ̃ʒe]
banketbakkerij (de)	pâtisserie (f)	[pɑtisri]
kruidenier (de)	épicerie (f)	[episri]
slagerij (de)	boucherie (f)	[buʃri]
groentewinkel (de)	magasin (m) de légumes	[magazɛ̃ də legym]
markt (de)	marché (m)	[marʃe]
koffiehuis (het)	salon (m) de café	[salɔ̃ də kafe]
restaurant (het)	restaurant (m)	[rɛstɔrɑ̃]
bar (de)	brasserie (f)	[brasri]
pizzeria (de)	pizzeria (f)	[pidzerja]
kapperssalon (de/het)	salon (m) de coiffure	[salɔ̃ də kwafyr]
postkantoor (het)	poste (f)	[pɔst]
stomerij (de)	pressing (m)	[presiŋ]
fotostudio (de)	atelier (m) de photo	[atəlje də fɔto]
schoenwinkel (de)	magasin (m) de chaussures	[magazɛ̃ də ʃosyr]
boekhandel (de)	librairie (f)	[librɛri]
sportwinkel (de)	magasin (m) d'articles de sport	[magazɛ̃ dartikl də spɔr]
kledingreparatie (de)	atelier (m) de retouche	[atəlje də rətuʃ]
kledingverhuur (de)	location (f) de vêtements	[lɔkasjɔ̃ də vɛtmɑ̃]
videotheek (de)	location (f) de films	[lɔkasjɔ̃ də film]
circus (de/het)	cirque (m)	[sirk]
dierentuin (de)	zoo (m)	[zoo]
bioscoop (de)	cinéma (m)	[sinema]

museum (het)	musée (m)	[myze]
bibliotheek (de)	bibliothèque (f)	[biblijɔtɛk]
theater (het)	théâtre (m)	[teɑtr]
opera (de)	opéra (m)	[ɔpera]
nachtclub (de)	boîte (f) de nuit	[bwat də nɥi]
casino (het)	casino (m)	[kazino]
moskee (de)	mosquée (f)	[mɔske]
synagoge (de)	synagogue (f)	[sinagɔg]
kathedraal (de)	cathédrale (f)	[katedral]
tempel (de)	temple (m)	[tɑ̃pl]
kerk (de)	église (f)	[egliz]
instituut (het)	institut (m)	[ɛ̃stity]
universiteit (de)	université (f)	[ynivɛrsite]
school (de)	école (f)	[ekɔl]
gemeentehuis (het)	préfecture (f)	[prefɛktyr]
stadhuis (het)	mairie (f)	[meri]
hotel (het)	hôtel (m)	[otɛl]
bank (de)	banque (f)	[bɑ̃k]
ambassade (de)	ambassade (f)	[ɑ̃basad]
reisbureau (het)	agence (f) de voyages	[aʒɑ̃s də vwajaʒ]
informatieloket (het)	bureau (m) d'information	[byro dɛ̃fɔrmasjɔ̃]
wisselkantoor (het)	bureau (m) de change	[byro də ʃɑ̃ʒ]
metro (de)	métro (m)	[metro]
ziekenhuis (het)	hôpital (m)	[ɔpital]
benzinestation (het)	station-service (f)	[stasjɔ̃sɛrvis]
parking (de)	parking (m)	[parkiŋ]

30. Borden

gevelreclame (de)	enseigne (f)	[ɑ̃sɛɲ]
opschrift (het)	pancarte (f)	[pɑ̃kart]
poster (de)	poster (m)	[pɔstɛr]
wegwijzer (de)	indicateur (m) de direction	[ɛ̃dikatœr də dirɛksjɔ̃]
pijl (de)	flèche (f)	[flɛʃ]
waarschuwing (verwittiging)	avertissement (m)	[avɛrtismɑ̃]
waarschuwingsbord (het)	panneau (m) d'avertissement	[pano davɛrtismɑ̃]
waarschuwen (ww)	avertir (vt)	[avɛrtir]
vrije dag (de)	jour (m) de repos	[ʒur də rəpo]
dienstregeling (de)	horaire (m)	[ɔrɛr]
openingsuren (mv.)	heures (f pl) d'ouverture	[zœr duvɛrtyr]
WELKOM!	BIENVENUE!	[bjɛ̃vny]
INGANG	ENTRÉE	[ɑ̃tre]
UITGANG	SORTIE	[sɔrti]

DUWEN	POUSSER	[puse]
TREKKEN	TIRER	[tire]
OPEN	OUVERT	[uvɛr]
GESLOTEN	FERMÉ	[fɛrme]
DAMES	FEMMES	[fam]
HEREN	HOMMES	[ɔm]
KORTING	RABAIS	[sɔld]
UITVERKOOP	SOLDES	[rabɛ]
NIEUW!	NOUVEAU!	[nuvo]
GRATIS	GRATUIT	[gratɥi]
PAS OP!	ATTENTION!	[atɑ̃sjɔ̃]
VOLGEBOEKT	COMPLET	[kɔ̃plɛ]
GERESERVEERD	RÉSERVÉ	[rezɛrve]
ADMINISTRATIE	ADMINISTRATION	[administrasjɔ̃]
ALLEEN VOOR PERSONEEL	RÉSERVÉ AU PERSONNEL	[rezɛrve o pɛrsɔnɛl]
GEVAARLIJKE HOND	ATTENTION CHIEN MÉCHANT	[atɑ̃sjɔ̃ ʃjɛ̃ meʃɑ̃]
VERBODEN TE ROKEN!	DÉFENSE DE FUMER	[defɑ̃s də fyme]
NIET AANRAKEN!	PRIERE DE NE PAS TOUCHER	[prijɛr dənəpa tuʃe]
GEVAARLIJK	DANGEREUX	[dɑ̃ʒrø]
GEVAAR	DANGER	[dɑ̃ʒe]
HOOGSPANNING	HAUTE TENSION	[ot tɑ̃sjɔ̃]
VERBODEN TE ZWEMMEN	BAIGNADE INTERDITE	[bɛɲad ɛ̃tɛrdit]
BUITEN GEBRUIK	HORS SERVICE	[ɔr sɛrvis]
ONTVLAMBAAR	INFLAMMABLE	[ɛ̃flamabl]
VERBODEN	INTERDIT	[ɛ̃tɛrdi]
DOORGANG VERBODEN	PASSAGE INTERDIT	[pɑsaʒ ɛ̃tɛrdi]
OPGELET PAS GEVERFD	PEINTURE FRAÎCHE	[pɛ̃tyr frɛʃ]

31. Winkelen

kopen (ww)	acheter (vt)	[aʃte]
aankoop (de)	achat (m)	[aʃa]
winkelen (ww)	faire des achats	[fɛr dezaʃa]
winkelen (het)	shopping (m)	[ʃɔpiŋ]
open zijn (ov. een winkel, enz.)	être ouvert	[ɛtr uvɛr]
gesloten zijn (ww)	être fermé	[ɛtr fɛrme]
schoeisel (het)	chaussures (f pl)	[ʃosyr]
kleren (mv.)	vêtement (m)	[vɛtmɑ̃]
cosmetica (de)	produits (m pl) de beauté	[prɔdɥi də bote]
voedingswaren (mv.)	produits (m pl) alimentaires	[prɔdɥi alimɑ̃tɛr]
geschenk (het)	cadeau (m)	[kado]

verkoper (de)	vendeur (m)	[vɑ̃dœr]
verkoopster (de)	vendeuse (f)	[vɑ̃døz]
kassa (de)	caisse (f)	[kɛs]
spiegel (de)	miroir (m)	[mirwar]
toonbank (de)	comptoir (m)	[kɔ̃twar]
paskamer (de)	cabine (f) d'essayage	[kabin desɛjaʒ]
aanpassen (ww)	essayer (vt)	[eseje]
passen (ov. kleren)	aller bien	[ale bjɛ̃]
bevallen (prettig vinden)	plaire à ...	[plɛr a]
prijs (de)	prix (m)	[pri]
prijskaartje (het)	étiquette (f) de prix	[etikɛt də pri]
kosten (ww)	coûter (vi, vt)	[kute]
Hoeveel?	Combien?	[kɔ̃bjɛ̃]
korting (de)	rabais (m)	[rabɛ]
niet duur (bn)	pas cher (adj)	[pɑ ʃɛr]
goedkoop (bn)	bon marché (adj)	[bɔ̃ marʃe]
duur (bn)	cher (adj)	[ʃɛr]
Dat is duur.	C'est cher	[sɛ ʃɛr]
verhuur (de)	location (f)	[lɔkasjɔ̃]
huren (smoking, enz.)	louer (vt)	[lwe]
krediet (het)	crédit (m)	[kredi]
op krediet (bw)	à crédit (adv)	[akredi]

KLEDING EN ACCESSOIRES

32. Bovenkleding. Jassen

kleren (mv.), kleding (de)	vêtement (m)	[vɛtmã]
bovenkleding (de)	survêtement (m)	[syrvɛtmã]
winterkleding (de)	vêtement (m) d'hiver	[vɛtmã divɛr]
jas (de)	manteau (m)	[mãto]
bontjas (de)	manteau (m) de fourrure	[mãto də furyr]
bontjasje (het)	veste (f) en fourrure	[vɛst ã furyr]
donzen jas (de)	manteau (m) de duvet	[manto də dyvɛ]
jasje (bijv. een leren ~)	veste (f)	[vɛst]
regenjas (de)	imperméable (m)	[ɛ̃pɛrmeabl]
waterdicht (bn)	imperméable (adj)	[ɛ̃pɛrmeabl]

33. Heren & dames kleding

overhemd (het)	chemise (f)	[ʃəmiz]
broek (de)	pantalon (m)	[pãtalɔ̃]
jeans (de)	jean (m)	[dʒin]
colbert (de)	veston (m)	[vɛstɔ̃]
kostuum (het)	complet (m)	[kɔ̃plɛ]
jurk (de)	robe (f)	[rɔb]
rok (de)	jupe (f)	[ʒyp]
blouse (de)	chemisette (f)	[ʃəmizɛt]
wollen vest (de)	gilet (m) en laine	[ʒilɛ ã lɛn]
blazer (kort jasje)	jaquette (f)	[ʒakɛt]
T-shirt (het)	tee-shirt (m)	[tiʃœrt]
shorts (mv.)	short (m)	[ʃɔrt]
trainingspak (het)	costume (m) de sport	[kɔstym də spɔr]
badjas (de)	peignoir (m) de bain	[pɛɲwar də bɛ̃]
pyjama (de)	pyjama (m)	[piʒama]
sweater (de)	chandail (m)	[ʃãdaj]
pullover (de)	pull-over (m)	[pylɔvɛr]
gilet (het)	gilet (m)	[ʒilɛ]
rokkostuum (het)	queue-de-pie (f)	[kødpi]
smoking (de)	smoking (m)	[smɔkiŋ]
uniform (het)	uniforme (m)	[ynifɔrm]
werkkleding (de)	tenue (f) de travail	[təny də travaj]
overall (de)	salopette (f)	[salɔpɛt]
doktersjas (de)	blouse (f)	[bluz]

34. Kleding. Ondergoed

ondergoed (het)	sous-vêtements (m pl)	[suvɛtmɑ̃]
herenslip (de)	boxer (m)	[bɔksɛr]
slipjes (mv.)	slip (m) de femme	[slip də fam]
onderhemd (het)	maillot (m) de corps	[majo də kɔr]
sokken (mv.)	chaussettes (f pl)	[ʃosɛt]
nachthemd (het)	chemise (f) de nuit	[ʃəmiz də nɥi]
beha (de)	soutien-gorge (m)	[sutjɛ̃gɔrʒ]
kniekousen (mv.)	chaussettes (f pl) hautes	[ʃosɛt ot]
panty (de)	collants (m pl)	[kɔlɑ̃]
nylonkousen (mv.)	bas (m pl)	[ba]
badpak (het)	maillot (m) de bain	[majo də bɛ̃]

35. Hoofddeksels

hoed (de)	bonnet (m)	[bɔnɛ]
deukhoed (de)	chapeau (m) feutre	[ʃapo føtr]
honkbalpet (de)	casquette (f) de base-ball	[kaskɛt də bɛzbol]
kleppet (de)	casquette (f)	[kaskɛt]
baret (de)	béret (m)	[berɛ]
kap (de)	capuche (f)	[kapyʃ]
panamahoed (de)	panama (m)	[panama]
gebreide muts (de)	bonnet (m) de laine	[bɔnɛ də lɛn]
hoofddoek (de)	foulard (m)	[fular]
dameshoed (de)	chapeau (m) de femme	[ʃapo də fam]
veiligheidshelm (de)	casque (m)	[kask]
veldmuts (de)	calot (m)	[kalo]
helm, valhelm (de)	casque (m)	[kask]
bolhoed (de)	melon (m)	[məlɔ̃]
hoge hoed (de)	haut-de-forme (m)	[o də fɔrm]

36. Schoeisel

schoeisel (het)	chaussures (f pl)	[ʃosyr]
schoenen (mv.)	bottines (f pl)	[bɔtin]
vrouwenschoenen (mv.)	souliers (m pl)	[sulje]
laarzen (mv.)	bottes (f pl)	[bɔt]
pantoffels (mv.)	chaussons (m pl)	[ʃosɔ̃]
sportschoenen (mv.)	tennis (m pl)	[tenis]
sneakers (mv.)	baskets (f pl)	[baskɛt]
sandalen (mv.)	sandales (f pl)	[sɑ̃dal]
schoenlapper (de)	cordonnier (m)	[kɔrdɔnje]
hiel (de)	talon (m)	[talɔ̃]

paar (een ~ schoenen)	paire (f)	[pɛr]
veter (de)	lacet (m)	[lasɛ]
rijgen (schoenen ~)	lacer (vt)	[lase]
schoenlepel (de)	chausse-pied (m)	[ʃospje]
schoensmeer (de/het)	cirage (m)	[siraʒ]

37. Persoonlijke accessoires

handschoenen (mv.)	gants (m pl)	[gã]
wanten (mv.)	moufles (f pl)	[mufl]
sjaal (fleece ~)	écharpe (f)	[eʃarp]
bril (de)	lunettes (f pl)	[lynɛt]
brilmontuur (het)	monture (f)	[mɔ̃tyr]
paraplu (de)	parapluie (m)	[paraplɥi]
wandelstok (de)	canne (f)	[kan]
haarborstel (de)	brosse (f) à cheveux	[brɔs a ʃəvø]
waaier (de)	éventail (m)	[evãtaj]
das (de)	cravate (f)	[kravat]
strikje (het)	nœud papillon (m)	[nø papijɔ̃]
bretels (mv.)	bretelles (f pl)	[brətɛl]
zakdoek (de)	mouchoir (m)	[muʃwar]
kam (de)	peigne (m)	[pɛɲ]
haarspeldje (het)	barrette (f)	[barɛt]
schuifspeldje (het)	épingle (f) à cheveux	[epɛ̃gl a ʃəvø]
gesp (de)	boucle (f)	[bukl]
broekriem (de)	ceinture (f)	[sɛ̃tyr]
draagriem (de)	bandoulière (f)	[bãduljɛr]
handtas (de)	sac (m)	[sak]
damestas (de)	sac (m) à main	[sak a mɛ̃]
rugzak (de)	sac (m) à dos	[sak a do]

38. Kleding. Diversen

mode (de)	mode (f)	[mɔd]
de mode (bn)	à la mode (adj)	[alamɔd]
kledingstilist (de)	couturier (m)	[kutyrje]
kraag (de)	col (m)	[kɔl]
zak (de)	poche (f)	[pɔʃ]
zak- (abn)	de poche (adj)	[də pɔʃ]
mouw (de)	manche (f)	[mãʃ]
lusje (het)	bride (f)	[brid]
gulp (de)	braguette (f)	[bragɛt]
rits (de)	fermeture (f) à glissière	[fɛrmətyr a glisjɛr]
sluiting (de)	agrafe (f)	[agraf]
knoop (de)	bouton (m)	[butɔ̃]

knoopsgat (het)	boutonnière (f)	[butɔnjɛr]
losraken (bijv. knopen)	s'arracher (vp)	[saraʃe]

naaien (kleren, enz.)	coudre (vi, vt)	[kudr]
borduren (ww)	broder (vt)	[brɔde]
borduursel (het)	broderie (f)	[brɔdri]
naald (de)	aiguille (f)	[egɥij]
draad (de)	fil (m)	[fil]
naad (de)	couture (f)	[kutyr]

vies worden (ww)	se salir (vp)	[sə salir]
vlek (de)	tache (f)	[taʃ]
gekreukt raken (ov. kleren)	se froisser (vp)	[sə frwase]
scheuren (ov.ww.)	déchirer (vt)	[deʃire]
mot (de)	mite (f)	[mit]

39. Persoonlijke verzorging. Schoonheidsmiddelen

tandpasta (de)	dentifrice (m)	[dɑ̃tifris]
tandenborstel (de)	brosse (f) à dents	[brɔs a dɑ̃]
tanden poetsen (ww)	se brosser les dents	[sə brɔse le dɑ̃]

scheermes (het)	rasoir (m)	[razwar]
scheerschuim (het)	crème (f) à raser	[krɛm a raze]
zich scheren (ww)	se raser (vp)	[sə raze]

zeep (de)	savon (m)	[savɔ̃]
shampoo (de)	shampooing (m)	[ʃɑ̃pwɛ̃]

schaar (de)	ciseaux (m pl)	[sizo]
nagelvijl (de)	lime (f) à ongles	[lim a ɔ̃gl]
nagelknipper (de)	pinces (f pl) à ongles	[pɛ̃s a ɔ̃gl]
pincet (het)	pince (f)	[pɛ̃s]

cosmetica (de)	produits (m pl) de beauté	[prɔdyi də bote]
masker (het)	masque (m) de beauté	[mask də bote]
manicure (de)	manucure (f)	[manykyr]
manicure doen	se faire les ongles	[sə fɛr le zɔ̃gl]
pedicure (de)	pédicurie (f)	[pedikyri]

cosmetica tasje (het)	trousse (f) de toilette	[trus də twalɛt]
poeder (de/het)	poudre (f)	[pudr]
poederdoos (de)	poudrier (m)	[pudrije]
rouge (de)	fard (m) à joues	[far a ʒu]

parfum (de/het)	parfum (m)	[parfœ̃]
eau de toilet (de)	eau (f) de toilette	[o də twalɛt]
lotion (de)	lotion (f)	[losjɔ̃]
eau de cologne (de)	eau de Cologne (f)	[o də kɔlɔɲ]

oogschaduw (de)	fard (m) à paupières	[far a popjɛr]
oogpotlood (het)	crayon (m) à paupières	[krɛjɔ̃ a popjɛr]
mascara (de)	mascara (m)	[maskara]
lippenstift (de)	rouge (m) à lèvres	[ruʒ a lɛvr]

nagellak (de)	vernis (m) à ongles	[vɛrni a ɔ̃gl]
haarlak (de)	laque (f) pour les cheveux	[lak pur le ʃəvø]
deodorant (de)	déodorant (m)	[deɔdɔrɑ̃]
crème (de)	crème (f)	[krɛm]
gezichtscrème (de)	crème (f) pour le visage	[krɛm pur lə vizaʒ]
handcrème (de)	crème (f) pour les mains	[krɛm pur le mɛ̃]
antirimpelcrème (de)	crème (f) anti-rides	[krɛm ɑ̃tirid]
dagcrème (de)	crème (f) de jour	[krɛm də ʒur]
nachtcrème (de)	crème (f) de nuit	[krɛm də nɥi]
dag- (abn)	de jour (adj)	[də ʒur]
nacht- (abn)	de nuit (adj)	[də nɥi]
tampon (de)	tampon (m)	[tɑ̃pɔ̃]
toiletpapier (het)	papier (m) de toilette	[papje də twalɛt]
föhn (de)	sèche-cheveux (m)	[sɛʃəvø]

40. Horloges. Klokken

polshorloge (het)	montre (f)	[mɔ̃tr]
wijzerplaat (de)	cadran (m)	[kadrɑ̃]
wijzer (de)	aiguille (f)	[egɥij]
metalen horlogeband (de)	bracelet (m)	[braslɛ]
horlogebandje (het)	bracelet (m)	[braslɛ]
batterij (de)	pile (f)	[pil]
leeg zijn (ww)	être déchargé	[ɛtr deʃarʒe]
batterij vervangen	changer de pile	[ʃɑ̃ʒe də pil]
voorlopen (ww)	avancer (vi)	[avɑ̃se]
achterlopen (ww)	retarder (vi)	[rətarde]
wandklok (de)	pendule (f)	[pɑ̃dyl]
zandloper (de)	sablier (m)	[sablije]
zonnewijzer (de)	cadran (m) solaire	[kadrɑ̃ sɔlɛr]
wekker (de)	réveil (m)	[revɛj]
horlogemaker (de)	horloger (m)	[ɔrlɔʒe]
repareren (ww)	réparer (vt)	[repare]

ALLEDAAGSE ERVARING

41. Geld

geld (het)	argent (m)	[arʒɑ̃]
ruil (de)	échange (m)	[eʃɑ̃ʒ]
koers (de)	cours (m) de change	[kur də ʃɑ̃ʒ]
geldautomaat (de)	distributeur (m)	[distribytœr]
muntstuk (de)	monnaie (f)	[mɔnɛ]

dollar (de)	dollar (m)	[dɔlar]
euro (de)	euro (m)	[øro]

lire (de)	lire (f)	[lir]
Duitse mark (de)	mark (m) allemand	[mark almɑ̃]
frank (de)	franc (m)	[frɑ̃]
pond sterling (het)	livre sterling (f)	[livr stɛrliŋ]
yen (de)	yen (m)	[jɛn]

schuld (geldbedrag)	dette (f)	[dɛt]
schuldenaar (de)	débiteur (m)	[debitœr]
uitlenen (ww)	prêter (vt)	[prete]
lenen (geld ~)	emprunter (vt)	[ɑ̃prœ̃te]

bank (de)	banque (f)	[bɑ̃k]
bankrekening (de)	compte (m)	[kɔ̃t]
op rekening storten	verser dans le compte	[vɛrse dɑ̃ lə kɔ̃t]
opnemen (ww)	retirer du compte	[rətire dy kɔ̃t]

kredietkaart (de)	carte (f) de crédit	[kart də kredi]
baar geld (het)	espèces (f pl)	[ɛspɛs]
cheque (de)	chèque (m)	[ʃɛk]
een cheque uitschrijven	faire un chèque	[fɛr œ̃ ʃɛk]
chequeboekje (het)	chéquier (m)	[ʃekje]

portefeuille (de)	portefeuille (m)	[pɔrtəfœj]
geldbeugel (de)	bourse (f)	[burs]
portemonnee (de)	porte-monnaie (m)	[pɔrtmɔnɛ]
safe (de)	coffre fort (m)	[kɔfr fɔr]

erfgenaam (de)	héritier (m)	[eritje]
erfenis (de)	héritage (m)	[eritaʒ]
fortuin (het)	fortune (f)	[fɔrtyn]

huur (de)	location (f)	[lɔkasjɔ̃]
huurprijs (de)	loyer (m)	[lwaje]
huren (huis, kamer)	louer (vt)	[lwe]

prijs (de)	prix (m)	[pri]
kostprijs (de)	coût (m)	[ku]

som (de)	somme (f)	[sɔm]
uitgeven (geld besteden)	dépenser (vt)	[depɑ̃se]
kosten (mv.)	dépenses (f pl)	[depɑ̃s]
bezuinigen (ww)	économiser (vt)	[ekɔnɔmize]
zuinig (bn)	économe (adj)	[ekɔnɔm]
betalen (ww)	payer (vi, vt)	[peje]
betaling (de)	paiement (m)	[pɛmɑ̃]
wisselgeld (het)	monnaie (f)	[mɔnɛ]
belasting (de)	impôt (m)	[ɛ̃po]
boete (de)	amende (f)	[amɑ̃d]
beboeten (bekeuren)	mettre une amende	[mɛtr ynamɑ̃d]

42. Post. Postkantoor

postkantoor (het)	poste (f)	[pɔst]
post (de)	courrier (m)	[kurje]
postbode (de)	facteur (m)	[faktœr]
openingsuren (mv.)	heures (f pl) d'ouverture	[zœr duvɛrtyr]
brief (de)	lettre (f)	[lɛtr]
aangetekende brief (de)	recommandé (m)	[rəkɔmɑ̃de]
briefkaart (de)	carte (f) postale	[kart pɔstal]
telegram (het)	télégramme (m)	[telegram]
postpakket (het)	colis (m)	[kɔli]
overschrijving (de)	mandat (m) postal	[mɑ̃da pɔstal]
ontvangen (ww)	recevoir (vt)	[rəsəvwar]
sturen (zenden)	envoyer (vt)	[ɑ̃vwaje]
verzending (de)	envoi (m)	[ɑ̃vwa]
adres (het)	adresse (f)	[adrɛs]
postcode (de)	code (m) postal	[kɔd pɔstal]
verzender (de)	expéditeur (m)	[ɛkspeditœr]
ontvanger (de)	destinataire (m)	[dɛstinatɛr]
naam (de)	prénom (m)	[prenɔ̃]
achternaam (de)	nom (m) de famille	[nɔ̃ də famij]
tarief (het)	tarif (m)	[tarif]
standaard (bn)	normal (adj)	[nɔrmal]
zuinig (bn)	économique (adj)	[ekɔnɔmik]
gewicht (het)	poids (m)	[pwa]
afwegen (op de weegschaal)	peser (vt)	[pəze]
envelop (de)	enveloppe (f)	[ɑ̃vlɔp]
postzegel (de)	timbre (m)	[tɛ̃br]
een postzegel plakken op	timbrer (vt)	[tɛ̃bre]

43. Bankieren

bank (de)	banque (f)	[bɑ̃k]
bankfiliaal (het)	agence (f) bancaire	[aʒɑ̃s bɑ̃kɛr]

bankbediende (de)	conseiller (m)	[kɔ̃seje]
manager (de)	gérant (m)	[ʒerɑ̃]

bankrekening (de)	compte (m)	[kɔ̃t]
rekeningnummer (het)	numéro (m) du compte	[nymero dy kɔ̃t]
lopende rekening (de)	compte (m) courant	[kɔ̃t kurɑ̃]
spaarrekening (de)	compte (m) sur livret	[kɔ̃t syr livrɛ]

een rekening openen	ouvrir un compte	[uvrir œ̃ kɔ̃t]
de rekening sluiten	clôturer le compte	[klotyre lə kɔ̃t]
op rekening storten	verser dans le compte	[vɛrse dɑ̃ lə kɔ̃t]
opnemen (ww)	retirer du compte	[rətire dy kɔ̃t]

storting (de)	dépôt (m)	[depo]
een storting maken	faire un dépôt	[fɛr œ̃ depo]
overschrijving (de)	virement (m) bancaire	[virmɑ̃ bɑ̃kɛr]
een overschrijving maken	faire un transfert	[fɛr œ̃ trɑ̃sfɛr]

som (de)	somme (f)	[sɔm]
Hoeveel?	Combien?	[kɔ̃bjɛ̃]

handtekening (de)	signature (f)	[siɲatyr]
ondertekenen (ww)	signer (vt)	[siɲe]

kredietkaart (de)	carte (f) de crédit	[kart də kredi]
code (de)	code (m)	[kɔd]
kredietkaartnummer (het)	numéro (m) de carte de crédit	[nymero də kart də kredi]
geldautomaat (de)	distributeur (m)	[distribytœr]

cheque (de)	chèque (m)	[ʃɛk]
een cheque uitschrijven	faire un chèque	[fɛr œ̃ ʃɛk]
chequeboekje (het)	chéquier (m)	[ʃekje]

lening, krediet (de)	crédit (m)	[kredi]
een lening aanvragen	demander un crédit	[dəmɑ̃de œ̃ kredi]
een lening nemen	prendre un crédit	[prɑ̃dr œ̃ kredi]
een lening verlenen	accorder un crédit	[akɔrde œ̃ kredi]
garantie (de)	gage (m)	[gaʒ]

44. Telefoon. Telefoongesprek

telefoon (de)	téléphone (m)	[telefɔn]
mobieltje (het)	portable (m)	[pɔrtabl]
antwoordapparaat (het)	répondeur (m)	[repɔ̃dœr]

bellen (ww)	téléphoner, appeler	[telefɔne], [aple]
belletje (telefoontje)	appel (m)	[apɛl]

een nummer draaien	composer le numéro	[kɔ̃poze lə nymero]
Hallo!	Allô!	[alo]
vragen (ww)	demander (vt)	[dəmɑ̃de]
antwoorden (ww)	répondre (vi, vt)	[repɔ̃dr]
horen (ww)	entendre (vt)	[ɑ̃tɑ̃dr]

goed (bw)	bien (adv)	[bjɛ̃]
slecht (bw)	mal (adv)	[mal]
storingen (mv.)	bruits (m pl)	[brɥi]
hoorn (de)	récepteur (m)	[resɛptœr]
opnemen (ww)	décrocher (vt)	[dekrɔʃe]
ophangen (ww)	raccrocher (vi)	[rakrɔʃe]
bezet (bn)	occupé (adj)	[ɔkype]
overgaan (ww)	sonner (vi)	[sɔ̃]
telefoonboek (het)	carnet (m) de téléphone	[karnɛ də telefɔn]
lokaal (bn)	local (adj)	[lɔkal]
lokaal gesprek (het)	appel (m) local	[apɛl lɔkal]
interlokaal (bn)	interurbain (adj)	[ɛ̃tɛryrbɛ̃]
interlokaal gesprek (het)	appel (m) interurbain	[apɛl ɛ̃tɛryrbɛ̃]
buitenlands (bn)	international (adj)	[ɛ̃tɛrnasjɔnal]

45. Mobiele telefoon

mobieltje (het)	portable (m)	[pɔrtabl]
scherm (het)	écran (m)	[ekrɑ̃]
toets, knop (de)	bouton (m)	[butɔ̃]
simkaart (de)	carte SIM (f)	[kart sim]
batterij (de)	pile (f)	[pil]
leeg zijn (ww)	être déchargé	[ɛtr deʃarʒe]
acculader (de)	chargeur (m)	[ʃarʒœr]
menu (het)	menu (m)	[məny]
instellingen (mv.)	réglages (m pl)	[reglaʒ]
melodie (beltoon)	mélodie (f)	[melɔdi]
selecteren (ww)	sélectionner (vt)	[selɛksjɔne]
rekenmachine (de)	calculatrice (f)	[kalkylatris]
voicemail (de)	répondeur (m)	[repɔ̃dœr]
wekker (de)	réveil (m)	[revɛj]
contacten (mv.)	contacts (m pl)	[kɔ̃takt]
SMS-bericht (het)	SMS (m)	[esemes]
abonnee (de)	abonné (m)	[abɔne]

46. Schrijfbehoeften

balpen (de)	stylo (m) à bille	[stilo a bij]
vulpen (de)	stylo (m) à plume	[stilo a plym]
potlood (het)	crayon (m)	[krɛjɔ̃]
marker (de)	marqueur (m)	[markœr]
viltstift (de)	feutre (m)	[føtr]
notitieboekje (het)	bloc-notes (m)	[blɔknɔt]
agenda (boekje)	agenda (m)	[aʒɛ̃da]

liniaal (de/het)	règle (f)	[rɛgl]
rekenmachine (de)	calculatrice (f)	[kalkylatris]
gom (de)	gomme (f)	[gɔm]
punaise (de)	punaise (f)	[pynɛz]
paperclip (de)	trombone (m)	[trɔ̃bɔn]
lijm (de)	colle (f)	[kɔl]
nietmachine (de)	agrafeuse (f)	[agraføz]
perforator (de)	perforateur (m)	[pɛrfɔratœr]
potloodslijper (de)	taille-crayon (m)	[tajkrɛjɔ̃]

47. Vreemde talen

taal (de)	langue (f)	[lɑ̃g]
vreemde taal (de)	langue (f) étrangère	[lɑ̃g etrɑ̃ʒɛr]
leren (bijv. van buiten ~)	étudier (vt)	[etydje]
studeren (Nederlands ~)	apprendre (vt)	[aprɑ̃dr]
lezen (ww)	lire (vi, vt)	[lir]
spreken (ww)	parler (vi)	[parle]
begrijpen (ww)	comprendre (vt)	[kɔ̃prɑ̃dr]
schrijven (ww)	écrire (vt)	[ekrir]
snel (bw)	vite (adv)	[vit]
langzaam (bw)	lentement (adv)	[lɑ̃tmɑ̃]
vloeiend (bw)	couramment (adv)	[kuramɑ̃]
regels (mv.)	règles (f pl)	[rɛgl]
grammatica (de)	grammaire (f)	[gramɛr]
vocabulaire (het)	vocabulaire (m)	[vɔkabylɛr]
fonetiek (de)	phonétique (f)	[fɔnetik]
leerboek (het)	manuel (m)	[manɥɛl]
woordenboek (het)	dictionnaire (m)	[diksjɔnɛr]
leerboek (het) voor zelfstudie	manuel (m) autodidacte	[manɥɛl otodidakt]
taalgids (de)	guide (m) de conversation	[gid də kɔ̃vɛrsasjɔ̃]
cassette (de)	cassette (f)	[kasɛt]
videocassette (de)	cassette (f) vidéo	[kasɛt video]
CD (de)	CD (m)	[sede]
DVD (de)	DVD (m)	[devede]
alfabet (het)	alphabet (m)	[alfabɛ]
spellen (ww)	épeler (vt)	[eple]
uitspraak (de)	prononciation (f)	[prɔnɔ̃sjasjɔ̃]
accent (het)	accent (m)	[aksɑ̃]
met een accent (bw)	avec un accent	[avɛk œn aksɑ̃]
zonder accent (bw)	sans accent	[sɑ̃ zaksɑ̃]
woord (het)	mot (m)	[mo]
betekenis (de)	sens (m)	[sɑ̃s]
cursus (de)	cours (m pl)	[kur]
zich inschrijven (ww)	s'inscrire (vp)	[sɛ̃skrir]

leraar (de)	**professeur** (m)	[prɔfɛsœr]
vertaling (een ~ maken)	**traduction** (f)	[tradyksjɔ̃]
vertaling (tekst)	**traduction** (f)	[tradyksjɔ̃]
vertaler (de)	**traducteur** (m)	[tradyktœr]
tolk (de)	**interprète** (m)	[ɛ̃tɛrprɛt]
polyglot (de)	**polyglotte** (m)	[poliglɔt]
geheugen (het)	**mémoire** (f)	[memwar]

MAALTIJDEN. RESTAURANT

48. Tafelschikking

lepel (de)	cuillère (f)	[kɥijɛr]
mes (het)	couteau (m)	[kuto]
vork (de)	fourchette (f)	[furʃɛt]
kopje (het)	tasse (f)	[tɑs]
bord (het)	assiette (f)	[asjɛt]
schoteltje (het)	soucoupe (f)	[sukup]
servet (het)	serviette (f)	[sɛrvjɛt]
tandenstoker (de)	cure-dent (m)	[kyrdã]

49. Restaurant

restaurant (het)	restaurant (m)	[rɛstɔrã]
koffiehuis (het)	salon (m) de café	[salɔ̃ də kafe]
bar (de)	bar (m)	[bar]
tearoom (de)	salon (m) de thé	[salɔ̃ də te]
kelner, ober (de)	serveur (m)	[sɛrvœr]
serveerster (de)	serveuse (f)	[sɛrvøz]
barman (de)	barman (m)	[barman]
menu (het)	carte (f)	[kart]
wijnkaart (de)	carte (f) des vins	[kart de vɛ̃]
een tafel reserveren	réserver une table	[rezɛrve yn tabl]
gerecht (het)	plat (m)	[pla]
bestellen (eten ~)	commander (vt)	[kɔmãde]
een bestelling maken	faire la commande	[fɛr la kɔmãd]
aperitief (de/het)	apéritif (m)	[aperitif]
voorgerecht (het)	hors-d'œuvre (m)	[ɔrdœvr]
dessert (het)	dessert (m)	[desɛr]
rekening (de)	addition (f)	[adisjɔ̃]
de rekening betalen	régler l'addition	[regle ladisjɔ̃]
wisselgeld teruggeven	rendre la monnaie	[rãdr la mɔnɛ]
fooi (de)	pourboire (m)	[purbwar]

50. Maaltijden

eten (het)	nourriture (f)	[nurityr]
eten (ww)	manger (vi, vt)	[mãʒe]

ontbijt (het)	petit déjeuner (m)	[pəti deʒœne]
ontbijten (ww)	prendre le petit déjeuner	[prɑ̃dr ləpti deʒœne]
lunch (de)	déjeuner (m)	[deʒœne]
lunchen (ww)	déjeuner (vi)	[deʒœne]
avondeten (het)	dîner (m)	[dine]
souperen (ww)	dîner (vi)	[dine]
eetlust (de)	appétit (m)	[apeti]
Eet smakelijk!	Bon appétit!	[bɔn apeti]
openen (een fles ~)	ouvrir (vt)	[uvrir]
morsen (koffie, enz.)	renverser (vt)	[rɑ̃vɛrse]
zijn gemorst	se renverser (vp)	[sə rɑ̃vɛrse]
koken (water kookt bij 100°C)	bouillir (vi)	[bujir]
koken (Hoe om water te ~)	faire bouillir	[fɛr bujir]
gekookt (~ water)	bouilli (adj)	[buji]
afkoelen (koeler maken)	refroidir (vt)	[rəfrwadir]
afkoelen (koeler worden)	se refroidir (vp)	[sə rəfrwadir]
smaak (de)	goût (m)	[gu]
nasmaak (de)	arrière-goût (m)	[arjɛrgu]
volgen een dieet	suivre un régime	[sɥivr œ̃ reʒim]
dieet (het)	régime (m)	[reʒim]
vitamine (de)	vitamine (f)	[vitamin]
calorie (de)	calorie (f)	[kalɔri]
vegetariër (de)	végétarien (m)	[veʒetarjɛ̃]
vegetarisch (bn)	végétarien (adj)	[veʒetarjɛ̃]
vetten (mv.)	lipides (m pl)	[lipid]
eiwitten (mv.)	protéines (f pl)	[prɔtein]
koolhydraten (mv.)	glucides (m pl)	[glysid]
snede (de)	tranche (f)	[trɑ̃ʃ]
stuk (bijv. een ~ taart)	morceau (m)	[mɔrso]
kruimel (de)	miette (f)	[mjɛt]

51. Bereide gerechten

gerecht (het)	plat (m)	[pla]
keuken (bijv. Franse ~)	cuisine (f)	[kɥizin]
recept (het)	recette (f)	[rəsɛt]
portie (de)	portion (f)	[pɔrsjɔ̃]
salade (de)	salade (f)	[salad]
soep (de)	soupe (f)	[sup]
bouillon (de)	bouillon (m)	[bujɔ̃]
boterham (de)	sandwich (m)	[sɑ̃dwitʃ]
spiegelei (het)	les œufs brouillés	[lezø bruje]
hamburger (de)	boulette (f)	[bulɛt]
hamburger (de)	hamburger (m)	[ɑ̃bœrgœr]
biefstuk (de)	steak (m)	[stɛk]

hutspot (de)	rôti (m)	[roti]
garnering (de)	garniture (f)	[garnityr]
spaghetti (de)	spaghettis (m pl)	[spagɛti]
aardappelpuree (de)	purée (f)	[pyre]
pizza (de)	pizza (f)	[pidza]
pap (de)	bouillie (f)	[buji]
omelet (de)	omelette (f)	[ɔmlɛt]
gekookt (in water)	cuit à l'eau (adj)	[kɥitalo]
gerookt (bn)	fumé (adj)	[fyme]
gebakken (bn)	frit (adj)	[fri]
gedroogd (bn)	sec (adj)	[sɛk]
diepvries (bn)	congelé (adj)	[kɔ̃ʒle]
gemarineerd (bn)	mariné (adj)	[marine]
zoet (bn)	sucré (adj)	[sykre]
gezouten (bn)	salé (adj)	[sale]
koud (bn)	froid (adj)	[frwa]
heet (bn)	chaud (adj)	[ʃo]
bitter (bn)	amer (adj)	[amɛr]
lekker (bn)	bon (adj)	[bɔ̃]
koken (in kokend water)	cuire à l'eau	[kɥir a lo]
bereiden (avondmaaltijd ~)	préparer (vt)	[prepare]
bakken (ww)	faire frire	[fɛr frir]
opwarmen (ww)	réchauffer (vt)	[reʃofe]
zouten (ww)	saler (vt)	[sale]
peperen (ww)	poivrer (vt)	[pwavre]
raspen (ww)	râper (vt)	[rape]
schil (de)	peau (f)	[po]
schillen (ww)	éplucher (vt)	[eplyʃe]

52. Voedsel

vlees (het)	viande (f)	[vjɑ̃d]
kip (de)	poulet (m)	[pulɛ]
kuiken (het)	poulet (m)	[pulɛ]
eend (de)	canard (m)	[kanar]
gans (de)	oie (f)	[wa]
wild (het)	gibier (m)	[ʒibje]
kalkoen (de)	dinde (f)	[dɛ̃d]
varkensvlees (het)	du porc	[dy pɔr]
kalfsvlees (het)	du veau	[dy vo]
schapenvlees (het)	du mouton	[dy mutɔ̃]
rundvlees (het)	du bœuf	[dy bœf]
konijnenvlees (het)	lapin (m)	[lapɛ̃]
worst (de)	saucisson (m)	[sosisɔ̃]
saucijs (de)	saucisse (f)	[sosis]
spek (het)	bacon (m)	[bekɔn]
ham (de)	jambon (m)	[ʒɑ̃bɔ̃]
gerookte achterham (de)	cuisse (f)	[kɥis]

paté, pastei (de)	pâté (m)	[pate]
lever (de)	foie (m)	[fwa]
varkensvet (het)	lard (m)	[lar]
gehakt (het)	farce (f)	[fars]
tong (de)	langue (f)	[lãg]

ei (het)	œuf (m)	[œf]
eieren (mv.)	les œufs	[lezø]
eiwit (het)	blanc (m) d'œuf	[blã dœf]
eigeel (het)	jaune (m) d'œuf	[ʒon dœf]

vis (de)	poisson (m)	[pwasõ]
zeevruchten (mv.)	fruits (m pl) de mer	[frµi də mɛr]
schaaldieren (mv.)	crustacés (m pl)	[krystase]
kaviaar (de)	caviar (m)	[kavjar]

krab (de)	crabe (m)	[krab]
garnaal (de)	crevette (f)	[krəvɛt]
oester (de)	huître (f)	[ɥitr]
langoest (de)	langoustine (f)	[lãgustin]
octopus (de)	poulpe (m)	[pulp]
inktvis (de)	calamar (m)	[kalamar]

steur (de)	esturgeon (m)	[ɛstyrʒõ]
zalm (de)	saumon (m)	[somõ]
heilbot (de)	flétan (m)	[fletã]

kabeljauw (de)	morue (f)	[mɔry]
makreel (de)	maquereau (m)	[makro]
tonijn (de)	thon (m)	[tõ]
paling (de)	anguille (f)	[ãgij]

forel (de)	truite (f)	[trɥit]
sardine (de)	sardine (f)	[sardin]
snoek (de)	brochet (m)	[brɔʃɛ]
haring (de)	hareng (m)	[arã]

brood (het)	pain (m)	[pɛ̃]
kaas (de)	fromage (m)	[frɔmaʒ]
suiker (de)	sucre (m)	[sykr]
zout (het)	sel (m)	[sɛl]

rijst (de)	riz (m)	[ri]
pasta (de)	pâtes (m pl)	[pɑt]
noedels (mv.)	nouilles (f pl)	[nuj]

boter (de)	beurre (m)	[bœr]
plantaardige olie (de)	huile (f) végétale	[ɥil veʒetal]
zonnebloemolie (de)	huile (f) de tournesol	[ɥil də turnəsɔl]
margarine (de)	margarine (f)	[margarin]

olijven (mv.)	olives (f pl)	[ɔliv]
olijfolie (de)	huile (f) d'olive	[ɥil dɔliv]

melk (de)	lait (m)	[lɛ]
gecondenseerde melk (de)	lait (m) condensé	[lɛ kõdãse]

yoghurt (de)	yogourt (m)	[jaurt]
zure room (de)	crème (f) aigre	[krɛm ɛgr]
room (de)	crème (f)	[krɛm]
mayonaise (de)	sauce (f) mayonnaise	[sos majɔnɛz]
crème (de)	crème (f) au beurre	[krɛm o bœr]
graan (het)	gruau (m)	[gryo]
meel (het), bloem (de)	farine (f)	[farin]
conserven (mv.)	conserves (f pl)	[kɔ̃sɛrv]
maïsvlokken (mv.)	pétales (m pl) de maïs	[petal də mais]
honing (de)	miel (m)	[mjɛl]
jam (de)	confiture (f)	[kɔ̃fityr]
kauwgom (de)	gomme (f) à mâcher	[gɔm a mɑʃe]

53. Drankjes

water (het)	eau (f)	[o]
drinkwater (het)	eau (f) potable	[o pɔtabl]
mineraalwater (het)	eau (f) minérale	[o mineral]
zonder gas	plate (adj)	[plat]
koolzuurhoudend (bn)	gazeuse (adj)	[gazøz]
bruisend (bn)	pétillante (adj)	[petijɑ̃t]
IJs (het)	glace (f)	[glas]
met ijs	avec de la glace	[avɛk dəla glas]
alcohol vrij (bn)	sans alcool	[sɑ̃ zalkɔl]
alcohol vrije drank (de)	boisson (f) non alcoolisée	[bwasɔ̃ nonalkɔlize]
frisdrank (de)	rafraîchissement (m)	[rafrɛʃismɑ̃]
limonade (de)	limonade (f)	[limɔnad]
alcoholische dranken (mv.)	boissons (f pl) alcoolisées	[bwasɔ̃ alkɔlize]
wijn (de)	vin (m)	[vɛ̃]
witte wijn (de)	vin (m) blanc	[vɛ̃ blɑ̃]
rode wijn (de)	vin (m) rouge	[vɛ̃ ruʒ]
likeur (de)	liqueur (f)	[likœr]
champagne (de)	champagne (m)	[ʃɑ̃paɲ]
vermout (de)	vermouth (m)	[vɛrmut]
whisky (de)	whisky (m)	[wiski]
wodka (de)	vodka (f)	[vɔdka]
gin (de)	gin (m)	[dʒin]
cognac (de)	cognac (m)	[kɔɲak]
rum (de)	rhum (m)	[rɔm]
koffie (de)	café (m)	[kafe]
zwarte koffie (de)	café (m) noir	[kafe nwar]
koffie (de) met melk	café (m) au lait	[kafe o lɛ]
cappuccino (de)	cappuccino (m)	[kaputʃino]
oploskoffie (de)	café (m) soluble	[kafe sɔlybl]
melk (de)	lait (m)	[lɛ]

cocktail (de)	cocktail (m)	[kɔktɛl]
milkshake (de)	cocktail (m) au lait	[kɔktɛl o lɛ]
sap (het)	jus (m)	[ʒy]
tomatensap (het)	jus (m) de tomate	[ʒy də tɔmat]
sinaasappelsap (het)	jus (m) d'orange	[ʒy dɔrɑ̃ʒ]
vers geperst sap (het)	jus (m) pressé	[ʒy prese]
bier (het)	bière (f)	[bjɛr]
licht bier (het)	bière (f) blonde	[bjɛr blɔ̃d]
donker bier (het)	bière (f) brune	[bjɛr bryn]
thee (de)	thé (m)	[te]
zwarte thee (de)	thé (m) noir	[te nwar]
groene thee (de)	thé (m) vert	[te vɛr]

54. Groenten

groenten (mv.)	légumes (m pl)	[legym]
verse kruiden (mv.)	verdure (f)	[vɛrdyr]
tomaat (de)	tomate (f)	[tɔmat]
augurk (de)	concombre (m)	[kɔ̃kɔ̃br]
wortel (de)	carotte (f)	[karɔt]
aardappel (de)	pomme (f) de terre	[pɔm də tɛr]
ui (de)	oignon (m)	[ɔɲɔ̃]
knoflook (de)	ail (m)	[aj]
kool (de)	chou (m)	[ʃu]
bloemkool (de)	chou-fleur (m)	[ʃuflœr]
spruitkool (de)	chou (m) de Bruxelles	[ʃu də brysɛl]
broccoli (de)	brocoli (m)	[brɔkɔli]
rode biet (de)	betterave (f)	[bɛtrav]
aubergine (de)	aubergine (f)	[obɛrʒin]
courgette (de)	courgette (f)	[kurʒɛt]
pompoen (de)	potiron (m)	[pɔtirɔ̃]
raap (de)	navet (m)	[navɛ]
peterselie (de)	persil (m)	[pɛrsi]
dille (de)	fenouil (m)	[fənuj]
sla (de)	laitue (f), salade (f)	[lety], [salad]
selderij (de)	céleri (m)	[sɛlri]
asperge (de)	asperge (f)	[aspɛrʒ]
spinazie (de)	épinard (m)	[epinar]
erwt (de)	pois (m)	[pwa]
bonen (mv.)	fèves (f pl)	[fɛv]
maïs (de)	maïs (m)	[mais]
boon (de)	haricot (m)	[ariko]
peper (de)	poivron (m)	[pwavrɔ̃]
radijs (de)	radis (m)	[radi]
artisjok (de)	artichaut (m)	[artiʃo]

55. Vruchten. Noten

vrucht (de)	fruit (m)	[frɥi]
appel (de)	pomme (f)	[pɔm]
peer (de)	poire (f)	[pwar]
citroen (de)	citron (m)	[sitrɔ̃]
sinaasappel (de)	orange (f)	[ɔrɑ̃ʒ]
aardbei (de)	fraise (f)	[frɛz]
mandarijn (de)	mandarine (f)	[mɑ̃darin]
pruim (de)	prune (f)	[pryn]
perzik (de)	pêche (f)	[pɛʃ]
abrikoos (de)	abricot (m)	[abriko]
framboos (de)	framboise (f)	[frɑ̃bwaz]
ananas (de)	ananas (m)	[anana]
banaan (de)	banane (f)	[banan]
watermeloen (de)	pastèque (f)	[pastɛk]
druif (de)	raisin (m)	[rɛzɛ̃]
zure kers (de)	cerise (f)	[səriz]
zoete kers (de)	merise (f)	[məriz]
meloen (de)	melon (m)	[məlɔ̃]
grapefruit (de)	pamplemousse (m)	[pɑ̃pləmus]
avocado (de)	avocat (m)	[avɔka]
papaja (de)	papaye (f)	[papaj]
mango (de)	mangue (f)	[mɑ̃g]
granaatappel (de)	grenade (f)	[grənad]
rode bes (de)	groseille (f) rouge	[grozɛj ruʒ]
zwarte bes (de)	cassis (m)	[kasis]
kruisbes (de)	groseille (f) verte	[grozɛj vɛrt]
bosbes (de)	myrtille (f)	[mirtij]
braambes (de)	mûre (f)	[myr]
rozijn (de)	raisin (m) sec	[rɛzɛ̃ sɛk]
vijg (de)	figue (f)	[fig]
dadel (de)	datte (f)	[dat]
pinda (de)	cacahuète (f)	[kakawɛt]
amandel (de)	amande (f)	[amɑ̃d]
walnoot (de)	noix (f)	[nwa]
hazelnoot (de)	noisette (f)	[nwazɛt]
kokosnoot (de)	noix (f) de coco	[nwa də kɔkɔ]
pistaches (mv.)	pistaches (f pl)	[pistaʃ]

56. Brood. Snoep

suikerbakkerij (de)	confiserie (f)	[kɔ̃fizri]
brood (het)	pain (m)	[pɛ̃]
koekje (het)	biscuit (m)	[biskɥi]
chocolade (de)	chocolat (m)	[ʃɔkɔla]
chocolade- (abn)	en chocolat (adj)	[ɑ̃ ʃɔkɔla]

snoepje (het)	bonbon (m)	[bɔ̃bɔ̃]
cakeje (het)	gâteau (m)	[gato]
taart (bijv. verjaardags~)	tarte (f)	[tart]
pastei (de)	gâteau (m)	[gato]
vulling (de)	garniture (f)	[garnityr]
confituur (de)	confiture (f)	[kɔ̃fityr]
marmelade (de)	marmelade (f)	[marmǝlad]
wafel (de)	gaufre (f)	[gofr]
IJsje (het)	glace (f)	[glas]
pudding (de)	pudding (m)	[pudiŋ]

57. Kruiden

zout (het)	sel (m)	[sɛl]
gezouten (bn)	salé (adj)	[sale]
zouten (ww)	saler (vt)	[sale]
zwarte peper (de)	poivre (m) noir	[pwavr nwar]
rode peper (de)	poivre (m) rouge	[pwavr ruʒ]
mosterd (de)	moutarde (f)	[mutard]
mierikswortel (de)	raifort (m)	[rɛfɔr]
condiment (het)	condiment (m)	[kɔ̃dimã]
specerij, kruiderij (de)	épice (f)	[epis]
saus (de)	sauce (f)	[sos]
azijn (de)	vinaigre (m)	[vinɛgr]
anijs (de)	anis (m)	[ani(s)]
basilicum (de)	basilic (m)	[bazilik]
kruidnagel (de)	clou (m) de girofle	[klu dǝ ʒirɔfl]
gember (de)	gingembre (m)	[ʒɛ̃ʒãbr]
koriander (de)	coriandre (m)	[kɔrjãdr]
kaneel (de/het)	cannelle (f)	[kanɛl]
sesamzaad (het)	sésame (m)	[sezam]
laurierblad (het)	feuille (f) de laurier	[fœj dǝ lɔrje]
paprika (de)	paprika (m)	[paprika]
komijn (de)	cumin (m)	[kymɛ̃]
saffraan (de)	safran (m)	[safrã]

PERSOONLIJKE INFORMATIE. FAMILIE

58. Persoonlijke informatie. Formulieren

naam (de)	prénom (m)	[prenɔ̃]
achternaam (de)	nom (m) de famille	[nɔ̃ də famij]
geboortedatum (de)	date (f) de naissance	[dat də nɛsɑ̃s]
geboorteplaats (de)	lieu (m) de naissance	[ljø də nɛsɑ̃s]
nationaliteit (de)	nationalité (f)	[nasjɔnalite]
woonplaats (de)	domicile (m)	[dɔmisil]
land (het)	pays (m)	[pei]
beroep (het)	profession (f)	[prɔfɛsjɔ̃]
geslacht	sexe (m)	[sɛks]
(ov. het vrouwelijk ~)		
lengte (de)	taille (f)	[taj]
gewicht (het)	poids (m)	[pwa]

59. Familieleden. Verwanten

moeder (de)	mère (f)	[mɛr]
vader (de)	père (m)	[pɛr]
zoon (de)	fils (m)	[fis]
dochter (de)	fille (f)	[fij]
jongste dochter (de)	fille (f) cadette	[fij kadɛt]
jongste zoon (de)	fils (m) cadet	[fis kadɛ]
oudste dochter (de)	fille (f) aînée	[fij ene]
oudste zoon (de)	fils (m) aîné	[fis ene]
broer (de)	frère (m)	[frɛr]
zuster (de)	sœur (f)	[sœr]
neef (zoon van oom/tante)	cousin (m)	[kuzɛ̃]
nicht (dochter van oom/tante)	cousine (f)	[kuzin]
mama (de)	maman (f)	[mamɑ̃]
papa (de)	papa (m)	[papa]
ouders (mv.)	parents (pl)	[parɑ̃]
kind (het)	enfant (m, f)	[ɑ̃fɑ̃]
kinderen (mv.)	enfants (pl)	[ɑ̃fɑ̃]
oma (de)	grand-mère (f)	[grɑ̃mɛr]
opa (de)	grand-père (m)	[grɑ̃pɛr]
kleinzoon (de)	petit-fils (m)	[pti fis]
kleindochter (de)	petite-fille (f)	[ptit fij]
kleinkinderen (mv.)	petits-enfants (pl)	[pətizɑ̃fɑ̃]
oom (de)	oncle (m)	[ɔ̃kl]

tante (de)	tante (f)	[tɑ̃t]
neef (zoon van broer/zus)	neveu (m)	[nəvø]
nicht (dochter van broer/zus)	nièce (f)	[njɛs]
schoonmoeder (de)	belle-mère (f)	[bɛlmɛr]
schoonvader (de)	beau-père (m)	[bopɛr]
schoonzoon (de)	gendre (m)	[ʒɑ̃dr]
stiefmoeder (de)	belle-mère, marâtre (f)	[bɛlmɛr], [marɑtr]
stiefvader (de)	beau-père (m)	[bopɛr]
zuigeling (de)	nourrisson (m)	[nurisɔ̃]
wiegenkind (het)	bébé (m)	[bebe]
kleuter (de)	petit (m)	[pti]
vrouw (de)	femme (f)	[fam]
man (de)	mari (m)	[mari]
echtgenoot (de)	époux (m)	[epu]
echtgenote (de)	épouse (f)	[epuz]
gehuwd (mann.)	marié (adj)	[marje]
gehuwd (vrouw.)	mariée (adj)	[marje]
ongehuwd (mann.)	célibataire (adj)	[selibatɛr]
vrijgezel (de)	célibataire (m)	[selibatɛr]
gescheiden (bn)	divorcé (adj)	[divɔrse]
weduwe (de)	veuve (f)	[vœv]
weduwnaar (de)	veuf (m)	[vœf]
familielid (het)	parent (m)	[parɑ̃]
dichte familielid (het)	parent (m) proche	[parɑ̃ prɔʃ]
verre familielid (het)	parent (m) éloigné	[parɑ̃ elwaɲe]
familieleden (mv.)	parents (m pl)	[parɑ̃]
wees (weesjongen)	orphelin (m)	[ɔrfəlɛ̃]
wees (weesmeisje)	orpheline (f)	[ɔrfəlin]
voogd (de)	tuteur (m)	[tytœr]
adopteren (een jongen te ~)	adopter (vt)	[adɔpte]
adopteren (een meisje te ~)	adopter (vt)	[adɔpte]

60. Vrienden. Collega's

vriend (de)	ami (m)	[ami]
vriendin (de)	amie (f)	[ami]
vriendschap (de)	amitié (f)	[amitje]
bevriend zijn (ww)	être ami	[ɛtr ami]
makker (de)	copain (m)	[kɔpɛ̃]
vriendin (de)	copine (f)	[kɔpin]
partner (de)	partenaire (m)	[partənɛr]
chef (de)	chef (m)	[ʃɛf]
baas (de)	supérieur (m)	[syperjœr]
eigenaar (de)	propriétaire (m)	[prɔprijetɛr]
ondergeschikte (de)	subordonné (m)	[sybɔrdɔne]
collega (de)	collègue (m, f)	[kɔlɛg]

kennis (de)	connaissance (f)	[kɔnɛsɑ̃s]
medereiziger (de)	compagnon (m) de route	[kɔ̃paɲɔ̃ də rut]
klasgenoot (de)	copain (m) de classe	[kɔpɛ̃ də klas]
buurman (de)	voisin (m)	[vwazɛ̃]
buurvrouw (de)	voisine (f)	[vwazin]
buren (mv.)	voisins (m pl)	[vwazɛ̃]

MENSELIJK LICHAAM. GENEESKUNDE

61. Hoofd

hoofd (het)	tête (f)	[tɛt]
gezicht (het)	visage (m)	[vizaʒ]
neus (de)	nez (m)	[ne]
mond (de)	bouche (f)	[buʃ]
oog (het)	œil (m)	[œj]
ogen (mv.)	les yeux	[lezjø]
pupil (de)	pupille (f)	[pypij]
wenkbrauw (de)	sourcil (m)	[sursi]
wimper (de)	cil (m)	[sil]
ooglid (het)	paupière (f)	[popjɛr]
tong (de)	langue (f)	[lãg]
tand (de)	dent (f)	[dã]
lippen (mv.)	lèvres (f pl)	[lɛvr]
jukbeenderen (mv.)	pommettes (f pl)	[pɔmɛt]
tandvlees (het)	gencive (f)	[ʒãsiv]
gehemelte (het)	palais (m)	[palɛ]
neusgaten (mv.)	narines (f pl)	[narin]
kin (de)	menton (m)	[mãtɔ̃]
kaak (de)	mâchoire (f)	[mɑʃwar]
wang (de)	joue (f)	[ʒu]
voorhoofd (het)	front (m)	[frɔ̃]
slaap (de)	tempe (f)	[tãp]
oor (het)	oreille (f)	[ɔrɛj]
achterhoofd (het)	nuque (f)	[nyk]
hals (de)	cou (m)	[ku]
keel (de)	gorge (f)	[gɔrʒ]
haren (mv.)	cheveux (m pl)	[ʃəvø]
kapsel (het)	coiffure (f)	[kwafyr]
haarsnit (de)	coupe (f)	[kup]
pruik (de)	perruque (f)	[peryk]
snor (de)	moustache (f)	[mustaʃ]
baard (de)	barbe (f)	[barb]
dragen (een baard, enz.)	porter (vt)	[pɔrte]
vlecht (de)	tresse (f)	[trɛs]
bakkebaarden (mv.)	favoris (m pl)	[favɔri]
ros (roodachtig, rossig)	roux (adj)	[ru]
grijs (~ haar)	gris (adj)	[gri]
kaal (bn)	chauve (adj)	[ʃov]
kale plek (de)	calvitie (f)	[kalvisi]

paardenstaart (de)	queue (f) de cheval	[kø də ʃəval]
pony (de)	frange (f)	[frɑ̃ʒ]

62. Menselijk lichaam

hand (de)	main (f)	[mɛ̃]
arm (de)	bras (m)	[bra]
vinger (de)	doigt (m)	[dwa]
teen (de)	orteil (m)	[ɔrtɛj]
duim (de)	pouce (m)	[pus]
pink (de)	petit doigt (m)	[pəti dwa]
nagel (de)	ongle (m)	[ɔ̃gl]
vuist (de)	poing (m)	[pwɛ̃]
handpalm (de)	paume (f)	[pom]
pols (de)	poignet (m)	[pwaɲɛ]
voorarm (de)	avant-bras (m)	[avɑ̃bra]
elleboog (de)	coude (m)	[kud]
schouder (de)	épaule (f)	[epol]
been (rechter ~)	jambe (f)	[ʒɑ̃b]
voet (de)	pied (m)	[pje]
knie (de)	genou (m)	[ʒənu]
kuit (de)	mollet (m)	[mɔlɛ]
heup (de)	hanche (f)	[ɑ̃ʃ]
hiel (de)	talon (m)	[talɔ̃]
lichaam (het)	corps (m)	[kɔr]
buik (de)	ventre (m)	[vɑ̃tr]
borst (de)	poitrine (f)	[pwatrin]
borst (de)	sein (m)	[sɛ̃]
zijde (de)	côté (m)	[kote]
rug (de)	dos (m)	[do]
lage rug (de)	reins (m pl)	[rɛ̃]
taille (de)	taille (f)	[taj]
navel (de)	nombril (m)	[nɔ̃bril]
billen (mv.)	fesses (f pl)	[fɛs]
achterwerk (het)	derrière (m)	[dɛrjɛr]
huidvlek (de)	grain (m) de beauté	[grɛ̃ də bote]
moedervlek (de)	tache (f) de vin	[taʃ də vɛ̃]
tatoeage (de)	tatouage (m)	[tatwaʒ]
litteken (het)	cicatrice (f)	[sikatris]

63. Ziekten

ziekte (de)	maladie (f)	[maladi]
ziek zijn (ww)	être malade	[ɛtr malad]
gezondheid (de)	santé (f)	[sɑ̃te]
snotneus (de)	rhume (m)	[rym]

angina (de)	angine (f)	[ãʒin]
verkoudheid (de)	refroidissement (m)	[rəfrwadismã]
verkouden raken (ww)	prendre froid	[prãdr frwa]
bronchitis (de)	bronchite (f)	[brɔ̃ʃit]
longontsteking (de)	pneumonie (f)	[pnømɔni]
griep (de)	grippe (f)	[grip]
bijziend (bn)	myope (adj)	[mjɔp]
verziend (bn)	presbyte (adj)	[prɛsbit]
scheelheid (de)	strabisme (m)	[strabism]
scheel (bn)	strabique (adj)	[strabik]
grauwe staar (de)	cataracte (f)	[katarakt]
glaucoom (het)	glaucome (m)	[glokom]
beroerte (de)	insulte (f)	[ɛ̃sylt]
hartinfarct (het)	crise (f) cardiaque	[kriz kardjak]
myocardiaal infarct (het)	infarctus (m) de myocarde	[ɛ̃farktys də mjɔkard]
verlamming (de)	paralysie (f)	[paralizi]
verlammen (ww)	paralyser (vt)	[paralize]
allergie (de)	allergie (f)	[alɛrʒi]
astma (de/het)	asthme (m)	[asm]
diabetes (de)	diabète (m)	[djabɛt]
tandpijn (de)	mal (m) de dents	[mal də dã]
tandbederf (het)	carie (f)	[kari]
diarree (de)	diarrhée (f)	[djare]
constipatie (de)	constipation (f)	[kɔ̃stipasjɔ̃]
maagstoornis (de)	estomac (m) barbouillé	[ɛstɔma barbuje]
voedselvergiftiging (de)	intoxication (f) alimentaire	[ɛ̃tɔksikasjɔn alimãtɛr]
voedselvergiftiging oplopen	être intoxiqué	[ɛtr ɛ̃tɔksike]
artritis (de)	arthrite (f)	[artrit]
rachitis (de)	rachitisme (m)	[raʃitism]
reuma (het)	rhumatisme (m)	[rymatism]
arteriosclerose (de)	athérosclérose (f)	[ateroskleroz]
gastritis (de)	gastrite (f)	[gastrit]
blindedarmontsteking (de)	appendicite (f)	[apɛ̃disit]
galblaasontsteking (de)	cholécystite (f)	[kɔlesistit]
zweer (de)	ulcère (m)	[ylsɛr]
mazelen (mv.)	rougeole (f)	[ruʒɔl]
rodehond (de)	rubéole (f)	[rybeɔl]
geelzucht (de)	jaunisse (f)	[ʒonis]
leverontsteking (de)	hépatite (f)	[epatit]
schizofrenie (de)	schizophrénie (f)	[skizɔfreni]
dolheid (de)	rage (f)	[raʒ]
neurose (de)	névrose (f)	[nevroz]
hersenschudding (de)	commotion (f) cérébrale	[kɔmɔsjɔ̃ serebral]
kanker (de)	cancer (m)	[kãsɛr]
sclerose (de)	sclérose (f)	[skleroz]

multiple sclerose (de)	sclérose (f) en plaques	[skleroz ã plak]
alcoholisme (het)	alcoolisme (m)	[alkɔlism]
alcoholicus (de)	alcoolique (m)	[alkɔlik]
syfilis (de)	syphilis (f)	[sifilis]
AIDS (de)	SIDA (m)	[sida]
tumor (de)	tumeur (f)	[tymœr]
kwaadaardig (bn)	maligne (adj)	[maliɲ]
goedaardig (bn)	bénigne (adj)	[beniɲ]
koorts (de)	fièvre (f)	[fjɛvr]
malaria (de)	malaria (f)	[malarja]
gangreen (het)	gangrène (f)	[gãgrɛn]
zeeziekte (de)	mal (m) de mer	[mal də mɛr]
epilepsie (de)	épilepsie (f)	[epilɛpsi]
epidemie (de)	épidémie (f)	[epidemi]
tyfus (de)	typhus (m)	[tifys]
tuberculose (de)	tuberculose (f)	[tybɛrkyloz]
cholera (de)	choléra (m)	[kɔlera]
pest (de)	peste (f)	[pɛst]

64. Symptomen. Behandelingen. Deel 1

symptoom (het)	symptôme (m)	[sɛ̃ptom]
temperatuur (de)	température (f)	[tɑ̃peratyr]
verhoogde temperatuur (de)	fièvre (f)	[fjɛvr]
polsslag (de)	pouls (m)	[pu]
duizeling (de)	vertige (m)	[vɛrtiʒ]
heet (erg warm)	chaud (adj)	[ʃo]
koude rillingen (mv.)	frisson (m)	[frisɔ̃]
bleek (bn)	pâle (adj)	[pɑl]
hoest (de)	toux (f)	[tu]
hoesten (ww)	tousser (vi)	[tuse]
niezen (ww)	éternuer (vi)	[etɛrnɥe]
flauwte (de)	évanouissement (m)	[evanwismã]
flauwvallen (ww)	s'évanouir (vp)	[sevanwir]
blauwe plek (de)	bleu (m)	[blø]
buil (de)	bosse (f)	[bɔs]
zich stoten (ww)	se heurter (vp)	[sə œrte]
kneuzing (de)	meurtrissure (f)	[mœrtrisyr]
kneuzen (gekneusd zijn)	se faire mal	[sə fɛr mal]
hinken (ww)	boiter (vi)	[bwate]
verstuiking (de)	foulure (f)	[fulyr]
verstuiken (enkel, enz.)	se démettre (vp)	[sə demɛtr]
breuk (de)	fracture (f)	[fraktyr]
een breuk oplopen	avoir une fracture	[avwar yn fraktyr]
snijwond (de)	coupure (f)	[kupyr]
zich snijden (ww)	se couper (vp)	[sə kupe]

bloeding (de)	hémorragie (f)	[emɔraʒi]
brandwond (de)	brûlure (f)	[brylyr]
zich branden (ww)	se brûler (vp)	[sə bryle]
prikken (ww)	se piquer (vp)	[sə pike]
zich prikken (ww)	se piquer (vp)	[sə pike]
blesseren (ww)	blesser (vt)	[blese]
blessure (letsel)	blessure (f)	[blesyr]
wond (de)	blessure (f)	[blesyr]
trauma (het)	trauma (m)	[troma]
IJlen (ww)	délirer (vi)	[delire]
stotteren (ww)	bégayer (vi)	[begeje]
zonnesteek (de)	insolation (f)	[ɛ̃sɔlasjɔ̃]

65. Symptomen. Behandelingen. Deel 2

pijn (de)	douleur (f)	[dulœr]
splinter (de)	écharde (f)	[eʃard]
zweet (het)	sueur (f)	[sɥœr]
zweten (ww)	suer (vi)	[sɥe]
braking (de)	vomissement (m)	[vɔmismɑ̃]
stuiptrekkingen (mv.)	spasmes (m pl)	[spasm]
zwanger (bn)	enceinte (adj)	[ɑ̃sɛ̃t]
geboren worden (ww)	naître (vi)	[nɛtr]
geboorte (de)	accouchement (m)	[akuʃmɑ̃]
baren (ww)	accoucher (vt)	[akuʃe]
abortus (de)	avortement (m)	[avɔrtəmɑ̃]
ademhaling (de)	respiration (f)	[rɛspirasjɔ̃]
inademing (de)	inhalation (f)	[inalasjɔ̃]
uitademing (de)	expiration (f)	[ɛkspirasjɔ̃]
uitademen (ww)	expirer (vi)	[ɛkspire]
inademen (ww)	inspirer (vi)	[inale]
invalide (de)	invalide (m)	[ɛ̃valid]
gehandicapte (de)	handicapé (m)	[ɑ̃dikape]
drugsverslaafde (de)	drogué (m)	[drɔge]
doof (bn)	sourd (adj)	[sur]
stom (bn)	muet (adj)	[mɥɛ]
doofstom (bn)	sourd-muet (adj)	[surmɥɛ]
krankzinnig (bn)	fou (adj)	[fu]
krankzinnige (man)	fou (m)	[fu]
krankzinnige (vrouw)	folle (f)	[fɔl]
krankzinnig worden	devenir fou	[dəvnir fu]
gen (het)	gène (m)	[ʒɛn]
immuniteit (de)	immunité (f)	[imynite]
erfelijk (bn)	héréditaire (adj)	[ereditɛr]
aangeboren (bn)	congénital (adj)	[kɔ̃ʒenital]

virus (het)	virus (m)	[virys]
microbe (de)	microbe (m)	[mikrɔb]
bacterie (de)	bactérie (f)	[bakteri]
infectie (de)	infection (f)	[ɛ̃fɛksjɔ̃]

66. Symptomen. Behandelingen. Deel 3

| ziekenhuis (het) | hôpital (m) | [ɔpital] |
| patiënt (de) | patient (m) | [pasjɑ̃] |

diagnose (de)	diagnostic (m)	[djagnɔstik]
genezing (de)	cure (f)	[kyr]
medische behandeling (de)	traitement (m)	[trɛtmɑ̃]
onder behandeling zijn	se faire soigner	[sə fɛr swaɲe]
behandelen (ww)	traiter (vt)	[trete]
zorgen (zieken ~)	soigner (vt)	[swaɲe]
ziekenzorg (de)	soins (m pl)	[swɛ̃]

operatie (de)	opération (f)	[ɔperasjɔ̃]
verbinden (een arm ~)	panser (vt)	[pɑ̃se]
verband (het)	pansement (m)	[pɑ̃smɑ̃]

vaccin (het)	vaccination (f)	[vaksinasjɔ̃]
inenten (vaccineren)	vacciner (vt)	[vaksine]
injectie (de)	piqûre (f)	[pikyr]
een injectie geven	faire une piqûre	[fɛr yn pikyr]

aanval (de)	crise, attaque (f)	[kriz], [atak]
amputatie (de)	amputation (f)	[ɑ̃pytasjɔ̃]
amputeren (ww)	amputer (vt)	[ɑ̃pyte]
coma (het)	coma (m)	[kɔma]
in coma liggen	être dans le coma	[ɛtr dɑ̃ lə kɔma]
intensieve zorg, ICU (de)	réanimation (f)	[reanimasjɔ̃]

zich herstellen (ww)	se rétablir (vp)	[sə retablir]
toestand (de)	état (m)	[eta]
bewustzijn (het)	conscience (f)	[kɔ̃sjɑ̃s]
geheugen (het)	mémoire (f)	[memwar]

trekken (een kies ~)	arracher (vt)	[araʃe]
vulling (de)	plombage (m)	[plɔ̃baʒ]
vullen (ww)	plomber (vt)	[plɔ̃be]

| hypnose (de) | hypnose (f) | [ipnoz] |
| hypnotiseren (ww) | hypnotiser (vt) | [ipnɔtize] |

67. Geneeskunde. Medicijnen. Accessoires

geneesmiddel (het)	médicament (m)	[medikamɑ̃]
middel (het)	remède (m)	[rəmɛd]
voorschrijven (ww)	prescrire (vt)	[prɛskrir]
recept (het)	ordonnance (f)	[ɔrdɔnɑ̃s]

tablet (de/het)	comprimé (m)	[kɔ̃prime]
zalf (de)	onguent (m)	[ɔ̃gɑ̃]
ampul (de)	ampoule (f)	[ɑ̃pul]
drank (de)	mixture (f)	[mikstyr]
siroop (de)	sirop (m)	[siro]
pil (de)	pilule (f)	[pilyl]
poeder (de/het)	poudre (f)	[pudr]
verband (het)	bande (f)	[bɑ̃d]
watten (mv.)	coton (m)	[kɔtɔ̃]
jodium (het)	iode (m)	[jɔd]
pleister (de)	sparadrap (m)	[sparadra]
pipet (de)	compte-gouttes (m)	[kɔ̃tgut]
thermometer (de)	thermomètre (m)	[tɛrmɔmɛtr]
spuit (de)	seringue (f)	[sərɛ̃g]
rolstoel (de)	fauteuil (m) roulant	[fotœj rulɑ̃]
krukken (mv.)	béquilles (f pl)	[bekij]
pijnstiller (de)	anesthésique (m)	[anɛstezik]
laxeermiddel (het)	purgatif (m)	[pyrgatif]
spiritus (de)	alcool (m)	[alkɔl]
medicinale kruiden (mv.)	herbe (f) médicinale	[ɛrb medisinal]
kruiden- (abn)	d'herbes (adj)	[dɛrb]

APPARTEMENT

68. Appartement

appartement (het)	appartement (m)	[apartəmã]
kamer (de)	chambre (f)	[ʃãbr]
slaapkamer (de)	chambre (f) à coucher	[ʃãbr a kuʃe]
eetkamer (de)	salle (f) à manger	[sal a mãʒe]
salon (de)	salon (m)	[salɔ̃]
studeerkamer (de)	bureau (m)	[byro]
gang (de)	antichambre (f)	[ãtiʃãbr]
badkamer (de)	salle (f) de bains	[sal də bɛ̃]
toilet (het)	toilettes (f pl)	[twalɛt]
plafond (het)	plafond (m)	[plafɔ̃]
vloer (de)	plancher (m)	[plãʃe]
hoek (de)	coin (m)	[kwɛ̃]

69. Meubels. Interieur

meubels (mv.)	meubles (m pl)	[mœbl]
tafel (de)	table (f)	[tabl]
stoel (de)	chaise (f)	[ʃɛz]
bed (het)	lit (m)	[li]
bankstel (het)	canapé (m)	[kanape]
fauteuil (de)	fauteuil (m)	[fotœj]
boekenkast (de)	bibliothèque (f)	[biblijotɛk]
boekenrek (het)	rayon (m)	[rɛjɔ̃]
stellingkast (de)	étagère (f)	[etaʒɛr]
kledingkast (de)	armoire (f)	[armwar]
kapstok (de)	patère (f)	[patɛr]
staande kapstok (de)	portemanteau (m)	[pɔrtmãto]
commode (de)	commode (f)	[kɔmɔd]
salontafeltje (het)	table (f) basse	[tabl bas]
spiegel (de)	miroir (m)	[mirwar]
tapijt (het)	tapis (m)	[tapi]
tapijtje (het)	petit tapis (m)	[pəti tapi]
haard (de)	cheminée (f)	[ʃəmine]
kaars (de)	bougie (f)	[buʒi]
kandelaar (de)	chandelier (m)	[ʃãdəlje]
gordijnen (mv.)	rideaux (m pl)	[rido]
behang (het)	papier (m) peint	[papje pɛ̃]

jaloezie (de)	jalousie (f)	[ʒaluzi]
bureaulamp (de)	lampe (f) de table	[lɑ̃p də tabl]
wandlamp (de)	applique (f)	[aplik]
staande lamp (de)	lampadaire (m)	[lɑ̃padɛr]
luchter (de)	lustre (m)	[lystr]
poot (ov. een tafel, enz.)	pied (m)	[pje]
armleuning (de)	accoudoir (m)	[akudwar]
rugleuning (de)	dossier (m)	[dosje]
la (de)	tiroir (m)	[tirwar]

70. Beddengoed

beddengoed (het)	linge (m) de lit	[lɛ̃ʒ də li]
kussen (het)	oreiller (m)	[ɔrɛje]
kussenovertrek (de)	taie (f) d'oreiller	[tɛ dɔrɛje]
deken (de)	couverture (f)	[kuvɛrtyr]
laken (het)	drap (m)	[dra]
sprei (de)	couvre-lit (m)	[kuvrəli]

71. Keuken

keuken (de)	cuisine (f)	[kɥizin]
gas (het)	gaz (m)	[gaz]
gasfornuis (het)	cuisinière (f) à gaz	[kɥizinjɛr a gaz]
elektrisch fornuis (het)	cuisinière (f) électrique	[kɥizinjɛr elɛktrik]
oven (de)	four (m)	[fur]
magnetronoven (de)	four (m) micro-ondes	[fur mikrɔɔ̃d]
koelkast (de)	réfrigérateur (m)	[refriʒeratœr]
diepvriezer (de)	congélateur (m)	[kɔ̃ʒelatœr]
vaatwasmachine (de)	lave-vaisselle (m)	[lavvesɛl]
vleesmolen (de)	hachoir (m)	[aʃwar]
vruchtenpers (de)	centrifugeuse (f)	[sɑ̃trifyʒøz]
toaster (de)	grille-pain (m)	[grijpɛ̃]
mixer (de)	batteur (m)	[batœr]
koffiemachine (de)	machine (f) à café	[maʃin a kafe]
koffiepot (de)	cafetière (f)	[kaftjɛr]
koffiemolen (de)	moulin (m) à café	[mulɛ̃ a kafe]
fluitketel (de)	bouilloire (f)	[bujwar]
theepot (de)	théière (f)	[tejɛr]
deksel (de/het)	couvercle (m)	[kuvɛrkl]
theezeefje (het)	passoire (f) à thé	[paswar a te]
lepel (de)	cuillère (f)	[kɥijɛr]
theelepeltje (het)	petite cuillère (f)	[pətit kɥijɛr]
eetlepel (de)	cuillère (f) à soupe	[kɥijɛr a sup]
vork (de)	fourchette (f)	[furʃɛt]
mes (het)	couteau (m)	[kuto]

vaatwerk (het)	vaisselle (f)	[vɛsɛl]
bord (het)	assiette (f)	[asjɛt]
schoteltje (het)	soucoupe (f)	[sukup]
likeurglas (het)	verre (m) à shot	[vɛr a ʃot]
glas (het)	verre (m)	[vɛr]
kopje (het)	tasse (f)	[tɑs]
suikerpot (de)	sucrier (m)	[sykrije]
zoutvat (het)	salière (f)	[saljɛr]
pepervat (het)	poivrière (f)	[pwavrijɛr]
boterschaaltje (het)	beurrier (m)	[bœrje]
steelpan (de)	casserole (f)	[kasrɔl]
bakpan (de)	poêle (f)	[pwal]
pollepel (de)	louche (f)	[luʃ]
vergiet (de/het)	passoire (f)	[pɑswar]
dienblad (het)	plateau (m)	[plato]
fles (de)	bouteille (f)	[butɛj]
glazen pot (de)	bocal (m)	[bɔkal]
blik (conserven~)	boîte (f) en fer-blanc	[bwat ã fɛrblã]
flesopener (de)	ouvre-bouteille (m)	[uvrəbutɛj]
blikopener (de)	ouvre-boîte (m)	[uvrəbwat]
kurkentrekker (de)	tire-bouchon (m)	[tirbuʃõ]
filter (de/het)	filtre (m)	[filtr]
filteren (ww)	filtrer (vt)	[filtre]
huisvuil (het)	ordures (f pl)	[ɔrdyr]
vuilnisemmer (de)	poubelle (f)	[pubɛl]

72. Badkamer

badkamer (de)	salle (f) de bains	[sal də bɛ̃]
water (het)	eau (f)	[o]
kraan (de)	robinet (m)	[rɔbinɛ]
warm water (het)	eau (f) chaude	[o ʃod]
koud water (het)	eau (f) froide	[o frwad]
tandpasta (de)	dentifrice (m)	[dãtifris]
tanden poetsen (ww)	se brosser les dents	[sə brɔse le dã]
tandenborstel (de)	brosse (f) à dents	[brɔs a dã]
zich scheren (ww)	se raser (vp)	[sə raze]
scheercrème (de)	mousse (f) à raser	[mus a raze]
scheermes (het)	rasoir (m)	[razwar]
wassen (ww)	laver (vt)	[lave]
een bad nemen	se laver (vp)	[sə lave]
douche (de)	douche (f)	[duʃ]
een douche nemen	prendre une douche	[prãdr yn duʃ]
bad (het)	baignoire (f)	[bɛɲwar]
toiletpot (de)	cuvette (f)	[kyvɛt]

wastafel (de)	lavabo (m)	[lavabo]
zeep (de)	savon (m)	[savɔ̃]
zeepbakje (het)	porte-savon (m)	[pɔrtsavɔ̃]
spons (de)	éponge (f)	[epɔ̃ʒ]
shampoo (de)	shampooing (m)	[ʃɑ̃pwɛ̃]
handdoek (de)	serviette (f)	[sɛrvjɛt]
badjas (de)	peignoir (m) de bain	[pɛɲwar də bɛ̃]
was (bijv. handwas)	lessive (f)	[lɛsiv]
wasmachine (de)	machine (f) à laver	[maʃin a lave]
de was doen	faire la lessive	[fɛr la lɛsiv]
waspoeder (de)	lessive (f)	[lɛsiv]

73. Huishoudelijke apparaten

televisie (de)	télé (f)	[tele]
cassettespeler (de)	magnétophone (m)	[maɲetɔfɔn]
videorecorder (de)	magnétoscope (m)	[maɲetɔskɔp]
radio (de)	radio (f)	[radjo]
speler (de)	lecteur (m)	[lɛktœr]
videoprojector (de)	vidéoprojecteur (m)	[videɔprɔʒɛktœr]
home theater systeem (het)	home cinéma (m)	[həum sinema]
DVD-speler (de)	lecteur DVD (m)	[lɛktœr devede]
versterker (de)	amplificateur (m)	[ɑ̃plifikatœr]
spelconsole (de)	console (f) de jeux	[kɔ̃sɔl də ʒø]
videocamera (de)	caméscope (m)	[kameskɔp]
fotocamera (de)	appareil (m) photo	[aparɛj foto]
digitale camera (de)	appareil (m) photo numérique	[aparɛj foto nymerik]
stofzuiger (de)	aspirateur (m)	[aspiratœr]
strijkijzer (het)	fer (m) à repasser	[fɛr a rəpase]
strijkplank (de)	planche (f) à repasser	[plɑ̃ʃ a rəpase]
telefoon (de)	téléphone (m)	[telefɔn]
mobieltje (het)	portable (m)	[pɔrtabl]
schrijfmachine (de)	machine (f) à écrire	[maʃin a ekrir]
naaimachine (de)	machine (f) à coudre	[maʃin a kudr]
microfoon (de)	micro (m)	[mikro]
koptelefoon (de)	écouteurs (m pl)	[ekutœr]
afstandsbediening (de)	télécommande (f)	[telekɔmɑ̃d]
CD (de)	CD (m)	[sede]
cassette (de)	cassette (f)	[kasɛt]
vinylplaat (de)	disque (m) vinyle	[disk vinil]

DE AARDE. WEER

74. De kosmische ruimte

kosmos (de)	cosmos (m)	[kɔsmos]
kosmisch (bn)	cosmique (adj)	[kɔsmik]
kosmische ruimte (de)	espace (m) cosmique	[ɛspas kɔsmik]
wereld (de), heelal (het)	univers (m)	[ynivɛr]
wereld (de)	monde (m)	[mɔ̃d]
sterrenstelsel (het)	galaxie (f)	[galaksi]
ster (de)	étoile (f)	[etwal]
sterrenbeeld (het)	constellation (f)	[kɔ̃stelasjɔ̃]
planeet (de)	planète (f)	[planɛt]
satelliet (de)	satellite (m)	[satelit]
meteoriet (de)	météorite (m)	[meteɔrit]
komeet (de)	comète (f)	[kɔmɛt]
asteroïde (de)	astéroïde (m)	[asterɔid]
baan (de)	orbite (f)	[ɔrbit]
draaien (om de zon, enz.)	tourner (vi)	[turne]
atmosfeer (de)	atmosphère (f)	[atmɔsfɛr]
Zon (de)	Soleil (m)	[sɔlɛj]
zonnestelsel (het)	système (m) solaire	[sistɛm sɔlɛr]
zonsverduistering (de)	éclipse (f) de soleil	[leklips də sɔlɛj]
Aarde (de)	Terre (f)	[tɛr]
Maan (de)	Lune (f)	[lyn]
Mars (de)	Mars (m)	[mars]
Venus (de)	Vénus (f)	[venys]
Jupiter (de)	Jupiter (m)	[ʒypitɛr]
Saturnus (de)	Saturne (m)	[satyrn]
Mercurius (de)	Mercure (m)	[mɛrkyr]
Uranus (de)	Uranus (m)	[yranys]
Neptunus (de)	Neptune	[nɛptyn]
Pluto (de)	Pluton (m)	[plytɔ̃]
Melkweg (de)	la Voie Lactée	[la vwa lakte]
Grote Beer (de)	la Grande Ours	[la grɑ̃d urs]
Poolster (de)	la Polaire	[la pɔlɛr]
marsmannetje (het)	martien (m)	[marsjɛ̃]
buitenaards wezen (het)	extraterrestre (m)	[ɛkstratɛrɛstr]
bovenaards (het)	alien (m)	[aljen]
vliegende schotel (de)	soucoupe (f) volante	[sukup vɔlɑ̃t]
ruimtevaartuig (het)	vaisseau (m) spatial	[vɛso spasjal]

ruimtestation (het)	station (f) orbitale	[stasjɔ̃ ɔrbital]
start (de)	lancement (m)	[lɑ̃smɑ̃]
motor (de)	moteur (m)	[mɔtœr]
straalpijp (de)	tuyère (f)	[tyjɛr]
brandstof (de)	carburant (m)	[karbyrɑ̃]
cabine (de)	cabine (f)	[kabin]
antenne (de)	antenne (f)	[ɑ̃tɛn]
patrijspoort (de)	hublot (m)	[yblo]
zonnebatterij (de)	batterie (f) solaire	[batri sɔlɛr]
ruimtepak (het)	scaphandre (m)	[skafɑ̃dr]
gewichtloosheid (de)	apesanteur (f)	[apəzɑ̃tœr]
zuurstof (de)	oxygène (m)	[ɔksiʒɛn]
koppeling (de)	arrimage (m)	[arimaʒ]
koppeling maken	s'arrimer à ...	[sarime a]
observatorium (het)	observatoire (m)	[ɔpsɛrvatwar]
telescoop (de)	télescope (m)	[teleskɔp]
waarnemen (ww)	observer (vt)	[ɔpsɛrve]
exploreren (ww)	explorer (vt)	[ɛksplɔre]

75. De Aarde

Aarde (de)	Terre (f)	[tɛr]
aardbol (de)	globe (m) terrestre	[glɔb tɛrɛstr]
planeet (de)	planète (f)	[planɛt]
atmosfeer (de)	atmosphère (f)	[atmɔsfɛr]
aardrijkskunde (de)	géographie (f)	[ʒeɔgrafi]
natuur (de)	nature (f)	[natyr]
wereldbol (de)	globe (m) de table	[glɔb də tabl]
kaart (de)	carte (f)	[kart]
atlas (de)	atlas (m)	[atlas]
Europa (het)	Europe (f)	[ørɔp]
Azië (het)	Asie (f)	[azi]
Afrika (het)	Afrique (f)	[afrik]
Australië (het)	Australie (f)	[ɔstrali]
Amerika (het)	Amérique (f)	[amerik]
Noord-Amerika (het)	Amérique (f) du Nord	[amerik dy nɔr]
Zuid-Amerika (het)	Amérique (f) du Sud	[amerik dy syd]
Antarctica (het)	l'Antarctique (m)	[lɑ̃tarktik]
Arctis (de)	l'Arctique (m)	[larktik]

76. Windrichtingen

noorden (het)	nord (m)	[nɔr]
naar het noorden	vers le nord	[vɛr lə nɔr]

in het noorden	au nord	[onɔr]
noordelijk (bn)	du nord (adj)	[dy nɔr]
zuiden (het)	sud (m)	[syd]
naar het zuiden	vers le sud	[vɛr lə syd]
in het zuiden	au sud	[osyd]
zuidelijk (bn)	du sud (adj)	[dy syd]
westen (het)	ouest (m)	[wɛst]
naar het westen	vers l'occident	[vɛr lɔksidã]
in het westen	à l'occident	[alɔksidã]
westelijk (bn)	occidental (adj)	[ɔksidãtal]
oosten (het)	est (m)	[ɛst]
naar het oosten	vers l'orient	[vɛr lɔrjã]
in het oosten	à l'orient	[alɔrjã]
oostelijk (bn)	oriental (adj)	[ɔrjãtal]

77. Zee. Oceaan

zee (de)	mer (f)	[mɛr]
oceaan (de)	océan (m)	[ɔseã]
golf (baai)	golfe (m)	[gɔlf]
straat (de)	détroit (m)	[detrwa]
grond (vaste grond)	terre (f) ferme	[tɛr fɛrm]
continent (het)	continent (m)	[kõtinã]
eiland (het)	île (f)	[il]
schiereiland (het)	presqu'île (f)	[prɛskil]
archipel (de)	archipel (m)	[arʃipɛl]
baai, bocht (de)	baie (f)	[bɛ]
haven (de)	port (m)	[pɔr]
lagune (de)	lagune (f)	[lagyn]
kaap (de)	cap (m)	[kap]
atol (de)	atoll (m)	[atɔl]
rif (het)	récif (m)	[resif]
koraal (het)	corail (m)	[kɔraj]
koraalrif (het)	récif (m) de corail	[resif də kɔraj]
diep (bn)	profond (adj)	[prɔfõ]
diepte (de)	profondeur (f)	[prɔfõdœr]
diepzee (de)	abîme (m)	[abim]
trog (bijv. Marianentrog)	fosse (f) océanique	[fos ɔseanik]
stroming (de)	courant (m)	[kurã]
omspoelen (ww)	baigner (vt)	[beɲe]
oever (de)	littoral (m)	[litɔral]
kust (de)	côte (f)	[kot]
vloed (de)	marée (f) haute	[mare ot]
eb (de)	marée (f) basse	[mare bas]

ondiepte (ondiep water)	banc (m) de sable	[bɑ̃ də sabl]
bodem (de)	fond (m)	[fɔ̃]
golf (hoge ~)	vague (f)	[vag]
golfkam (de)	crête (f) de la vague	[krɛt də la vag]
schuim (het)	mousse (f)	[mus]
storm (de)	tempête (f) en mer	[tɑ̃pɛt ɑ̃mɛr]
orkaan (de)	ouragan (m)	[uragɑ̃]
tsunami (de)	tsunami (m)	[tsynami]
windstilte (de)	calme (m)	[kalm]
kalm (bijv. ~e zee)	calme (adj)	[kalm]
pool (de)	pôle (m)	[pol]
polair (bn)	polaire (adj)	[pɔlɛr]
breedtegraad (de)	latitude (f)	[latityd]
lengtegraad (de)	longitude (f)	[lɔ̃ʒityd]
parallel (de)	parallèle (f)	[paralɛl]
evenaar (de)	équateur (m)	[ekwatœr]
hemel (de)	ciel (m)	[sjɛl]
horizon (de)	horizon (m)	[ɔrizɔ̃]
lucht (de)	air (m)	[ɛr]
vuurtoren (de)	phare (m)	[far]
duiken (ww)	plonger (vi)	[plɔ̃ʒe]
zinken (ov. een boot)	sombrer (vi)	[sɔ̃bre]
schatten (mv.)	trésor (m)	[trezɔr]

78. Namen van zeeën en oceanen

Atlantische Oceaan (de)	océan (m) Atlantique	[ɔseɑn atlɑ̃tik]
Indische Oceaan (de)	océan (m) Indien	[ɔseɑn ɛ̃djɛ̃]
Stille Oceaan (de)	océan (m) Pacifique	[ɔseɑ̃ pasifik]
Noordelijke IJszee (de)	océan (m) Glacial	[ɔseɑ̃ glasjal]
Zwarte Zee (de)	mer (f) Noire	[mɛr nwar]
Rode Zee (de)	mer (f) Rouge	[mɛr ruʒ]
Gele Zee (de)	mer (f) Jaune	[mɛr ʒon]
Witte Zee (de)	mer (f) Blanche	[mɛr blɑ̃ʃ]
Kaspische Zee (de)	mer (f) Caspienne	[mɛr kaspjɛn]
Dode Zee (de)	mer (f) Morte	[mɛr mɔrt]
Middellandse Zee (de)	mer (f) Méditerranée	[mɛr mediterane]
Egeïsche Zee (de)	mer (f) Égée	[mɛr eʒe]
Adriatische Zee (de)	mer (f) Adriatique	[mɛr adrijatik]
Arabische Zee (de)	mer (f) Arabique	[mɛr arabik]
Japanse Zee (de)	mer (f) du Japon	[mɛr dy ʒapɔ̃]
Beringzee (de)	mer (f) de Béring	[mɛr də beriŋ]
Zuid-Chinese Zee (de)	mer (f) de Chine Méridionale	[mɛr də ʃin meridjɔnal]
Koraalzee (de)	mer (f) de Corail	[mɛr də kɔraj]

Tasmanzee (de)	mer (f) de Tasman	[mɛr də tasman]
Caribische Zee (de)	mer (f) Caraïbe	[mɛr karaib]
Barentszzee (de)	mer (f) de Barents	[mɛr də barɛ̃s]
Karische Zee (de)	mer (f) de Kara	[mɛr də kara]
Noordzee (de)	mer (f) du Nord	[mɛr dy nɔr]
Baltische Zee (de)	mer (f) Baltique	[mɛr baltik]
Noorse Zee (de)	mer (f) de Norvège	[mɛr də nɔrvɛʒ]

79. Bergen

berg (de)	montagne (f)	[mɔ̃taɲ]
bergketen (de)	chaîne (f) de montagnes	[ʃɛn də mɔ̃taɲ]
gebergte (het)	crête (f)	[krɛt]
bergtop (de)	sommet (m)	[sɔmɛ]
bergpiek (de)	pic (m)	[pik]
voet (ov. de berg)	pied (m)	[pje]
helling (de)	pente (f)	[pɑ̃t]
vulkaan (de)	volcan (m)	[vɔlkɑ̃]
actieve vulkaan (de)	volcan (m) actif	[vɔlkɑn aktif]
uitgedoofde vulkaan (de)	volcan (m) éteint	[vɔlkɑn etɛ̃]
uitbarsting (de)	éruption (f)	[erypsjɔ̃]
krater (de)	cratère (m)	[kratɛr]
magma (het)	magma (m)	[magma]
lava (de)	lave (f)	[lav]
gloeiend (~e lava)	en fusion	[ɑ̃ fyzjɔ̃]
kloof (canyon)	canyon (m)	[kanjɔ̃]
bergkloof (de)	défilé (m)	[defile]
spleet (de)	crevasse (f)	[krəvas]
afgrond (de)	précipice (m)	[presipis]
bergpas (de)	col (m)	[kɔl]
plateau (het)	plateau (m)	[plato]
klip (de)	rocher (m)	[rɔʃe]
heuvel (de)	colline (f)	[kɔlin]
gletsjer (de)	glacier (m)	[glasje]
waterval (de)	chute (f) d'eau	[ʃyt do]
geiser (de)	geyser (m)	[ʒɛzɛr]
meer (het)	lac (m)	[lak]
vlakte (de)	plaine (f)	[plɛn]
landschap (het)	paysage (m)	[peizaʒ]
echo (de)	écho (m)	[eko]
alpinist (de)	alpiniste (m)	[alpinist]
bergbeklimmer (de)	varappeur (m)	[varapœr]
trotseren (berg ~)	conquérir (vt)	[kɔ̃kerir]
beklimming (de)	ascension (f)	[asɑ̃sjɔ̃]

80. Bergen namen

Alpen (de)	Alpes (f pl)	[alp]
Mont Blanc (de)	Mont Blanc (m)	[mõblã]
Pyreneeën (de)	Pyrénées (f pl)	[pirene]

Karpaten (de)	Carpates (f pl)	[karpat]
Oeralgebergte (het)	Monts Oural (m pl)	[mõ ural]
Kaukasus (de)	Caucase (m)	[kokaz]
Elbroes (de)	Elbrous (m)	[ɛlbrys]

Altaj (de)	Altaï (m)	[altaj]
Tiensjan (de)	Tian Chan (m)	[tjã ʃã]
Pamir (de)	Pamir (m)	[pamir]
Himalaya (de)	Himalaya (m)	[imalaja]
Everest (de)	Everest (m)	[evrɛst]

| Andes (de) | Andes (f pl) | [ãd] |
| Kilimanjaro (de) | Kilimandjaro (m) | [kilimãdʒaro] |

81. Rivieren

rivier (de)	rivière (f), fleuve (m)	[rivjɛr], [flœv]
bron (~ van een rivier)	source (f)	[surs]
rivierbedding (de)	lit (m)	[li]
rivierbekken (het)	bassin (m)	[basɛ̃]
uitmonden in ...	se jeter dans ...	[sə ʒəte dã]

| zijrivier (de) | affluent (m) | [aflyã] |
| oever (de) | rive (f) | [riv] |

stroming (de)	courant (m)	[kurã]
stroomafwaarts (bw)	en aval	[an aval]
stroomopwaarts (bw)	en amont	[an amõ]

overstroming (de)	inondation (f)	[inõdasjõ]
overstroming (de)	les grandes crues	[le grãd kry]
buiten zijn oevers treden	déborder (vt)	[debɔrde]
overstromen (ww)	inonder (vt)	[inõde]

| zandbank (de) | bas-fond (m) | [bafõ] |
| stroomversnelling (de) | rapide (m) | [rapid] |

dam (de)	barrage (m)	[baraʒ]
kanaal (het)	canal (m)	[kanal]
spaarbekken (het)	lac (m) de barrage	[lak də baraʒ]
sluis (de)	écluse (f)	[eklyz]

waterlichaam (het)	plan (m) d'eau	[plã do]
moeras (het)	marais (m)	[marɛ]
broek (het)	fondrière (f)	[fõdrijɛr]
draaikolk (de)	tourbillon (m)	[turbijõ]
stroom (de)	ruisseau (m)	[rɥiso]

T&P Books. Thematische woordenschat Nederlands-Frans - 3000 woorden

drink- (abn)	potable (adj)	[pɔtabl]
zoet (~ water)	douce (adj)	[dus]

IJs (het)	glace (f)	[glas]
bevriezen (rivier, enz.)	être gelé	[ɛtr ʒəle]

82. Namen van rivieren

Seine (de)	Seine (f)	[sɛn]
Loire (de)	Loire (f)	[lwar]

Theems (de)	Tamise (f)	[tamiz]
Rijn (de)	Rhin (m)	[rɛ̃]
Donau (de)	Danube (m)	[danyb]

Wolga (de)	Volga (f)	[vɔlga]
Don (de)	Don (m)	[dɔ̃]
Lena (de)	Lena (f)	[lena]

Gele Rivier (de)	Huang He (m)	[waŋ e]
Blauwe Rivier (de)	Yangzi Jiang (m)	[jãgzijãg]
Mekong (de)	Mékong (m)	[mekɔ̃g]
Ganges (de)	Gange (m)	[gãʒ]

Nijl (de)	Nil (m)	[nil]
Kongo (de)	Congo (m)	[kɔ̃go]
Okavango (de)	Okavango (m)	[ɔkavangɔ]
Zambezi (de)	Zambèze (m)	[zãbɛz]
Limpopo (de)	Limpopo (m)	[limpɔpo]
Mississippi (de)	Mississippi (m)	[misisipi]

83. Bos

bos (het)	forêt (f)	[fɔrɛ]
bos- (abn)	forestier (adj)	[fɔrɛstje]

oerwoud (dicht bos)	fourré (m)	[fure]
bosje (klein bos)	bosquet (m)	[bɔskɛ]
open plek (de)	clairière (f)	[klɛrjɛr]

struikgewas (het)	broussailles (f pl)	[brusaj]
struiken (mv.)	taillis (m)	[taji]

paadje (het)	sentier (m)	[sãtje]
ravijn (het)	ravin (m)	[ravɛ̃]

boom (de)	arbre (m)	[arbr]
blad (het)	feuille (f)	[fœj]
gebladerte (het)	feuillage (m)	[fœjaʒ]

vallende bladeren (mv.)	chute (f) de feuilles	[ʃyt də fœj]
vallen (ov. de bladeren)	tomber (vi)	[tɔ̃be]

boomtop (de)	sommet (m)	[sɔmɛ]
tak (de)	rameau (m)	[ramo]
ent (de)	branche (f)	[brɑ̃ʃ]
knop (de)	bourgeon (m)	[burʒɔ̃]
naald (de)	aiguille (f)	[egɥij]
dennenappel (de)	pomme (f) de pin	[pɔm də pɛ̃]

boom holte (de)	creux (m)	[krø]
nest (het)	nid (m)	[ni]
hol (het)	terrier (m)	[tɛrje]

stam (de)	tronc (m)	[trɔ̃]
wortel (bijv. boom~s)	racine (f)	[rasin]
schors (de)	écorce (f)	[ekɔrs]
mos (het)	mousse (f)	[mus]

ontwortelen (een boom)	déraciner (vt)	[derasine]
kappen (een boom ~)	abattre (vt)	[abatr]
ontbossen (ww)	déboiser (vt)	[debwaze]
stronk (de)	souche (f)	[suʃ]

kampvuur (het)	feu (m) de bois	[fø də bwa]
bosbrand (de)	incendie (m)	[ɛ̃sɑ̃di]
blussen (ww)	éteindre (vt)	[etɛ̃dr]

boswachter (de)	garde (m) forestier	[gard fɔrɛstje]
bescherming (de)	protection (f)	[prɔtɛksjɔ̃]
beschermen (bijv. de natuur ~)	protéger (vt)	[prɔteʒe]
stroper (de)	braconnier (m)	[brakɔnje]
val (de)	piège (m) à mâchoires	[pjɛʒ a maʃwar]

plukken (vruchten, enz.)	cueillir (vt)	[kœjir]
verdwalen (de weg kwijt zijn)	s'égarer (vp)	[segare]

84. Natuurlijke hulpbronnen

natuurlijke rijkdommen (mv.)	ressources (f pl) naturelles	[rəsurs natyrɛl]
delfstoffen (mv.)	minéraux (m pl)	[minero]
lagen (mv.)	gisement (m)	[ʒizmɑ̃]
veld (bijv. olie~)	champ (m)	[ʃɑ̃]

winnen (uit erts ~)	extraire (vt)	[ɛkstrɛr]
winning (de)	extraction (f)	[ɛkstraksjɔ̃]
erts (het)	minerai (m)	[minrɛ]
mijn (bijv. kolenmijn)	mine (f)	[min]
mijnschacht (de)	puits (m) de mine	[pɥi də min]
mijnwerker (de)	mineur (m)	[minœr]

gas (het)	gaz (m)	[gaz]
gasleiding (de)	gazoduc (m)	[gazɔdyk]

olie (aardolie)	pétrole (m)	[petrɔl]
olieleiding (de)	pipeline (m)	[piplin]

oliebron (de)	tour (f) de forage	[tur də fɔraʒ]
boortoren (de)	derrick (m)	[derik]
tanker (de)	pétrolier (m)	[petrɔlje]
zand (het)	sable (m)	[sabl]
kalksteen (de)	calcaire (m)	[kalkɛr]
grind (het)	gravier (m)	[gravje]
veen (het)	tourbe (f)	[turb]
klei (de)	argile (f)	[arʒil]
steenkool (de)	charbon (m)	[ʃarbɔ̃]
IJzer (het)	fer (m)	[fɛr]
goud (het)	or (m)	[ɔr]
zilver (het)	argent (m)	[arʒɑ̃]
nikkel (het)	nickel (m)	[nikɛl]
koper (het)	cuivre (m)	[kɥivr]
zink (het)	zinc (m)	[zɛ̃g]
mangaan (het)	manganèse (m)	[mɑ̃ganɛz]
kwik (het)	mercure (m)	[mɛrkyr]
lood (het)	plomb (m)	[plɔ̃]
mineraal (het)	minéral (m)	[mineral]
kristal (het)	cristal (m)	[kristal]
marmer (het)	marbre (m)	[marbr]
uraan (het)	uranium (m)	[yranjɔm]

85. Weer

weer (het)	temps (m)	[tɑ̃]
weersvoorspelling (de)	météo (f)	[meteo]
temperatuur (de)	température (f)	[tɑ̃peratyr]
thermometer (de)	thermomètre (m)	[tɛrmɔmɛtr]
barometer (de)	baromètre (m)	[barɔmɛtr]
vochtig (bn)	humide (adj)	[ymid]
vochtigheid (de)	humidité (f)	[ymidite]
hitte (de)	chaleur (f)	[ʃalœr]
heet (bn)	torride (adj)	[tɔrid]
het is heet	il fait très chaud	[il fɛ trɛ ʃo]
het is warm	il fait chaud	[il fɛʃo]
warm (bn)	chaud (adj)	[ʃo]
het is koud	il fait froid	[il fɛ frwa]
koud (bn)	froid (adj)	[frwa]
zon (de)	soleil (m)	[sɔlɛj]
schijnen (de zon)	briller (vi)	[brije]
zonnig (~e dag)	ensoleillé (adj)	[ɑ̃sɔleje]
opgaan (ov. de zon)	se lever (vp)	[sə ləve]
ondergaan (ww)	se coucher (vp)	[sə kuʃe]
wolk (de)	nuage (m)	[nɥaʒ]
bewolkt (bn)	nuageux (adj)	[nɥaʒø]

regenwolk (de)	nuée (f)	[nɥe]
somber (bn)	sombre (adj)	[sɔ̃br]

regen (de)	pluie (f)	[plɥi]
het regent	il pleut	[il plø]
regenachtig (bn)	pluvieux (adj)	[plyvjø]
motregenen (ww)	bruiner (v imp)	[brɥine]

plensbui (de)	pluie (f) torrentielle	[plɥi tɔrɑ̃sjɛl]
stortbui (de)	averse (f)	[avɛrs]
hard (bn)	forte (adj)	[fɔrt]
plas (de)	flaque (f)	[flak]
nat worden (ww)	se faire mouiller	[sə fɛr muje]

mist (de)	brouillard (m)	[brujar]
mistig (bn)	brumeux (adj)	[brymø]
sneeuw (de)	neige (f)	[nɛʒ]
het sneeuwt	il neige	[il nɛʒ]

86. Zwaar weer. Natuurrampen

noodweer (storm)	orage (m)	[ɔraʒ]
bliksem (de)	éclair (m)	[eklɛr]
flitsen (ww)	éclater (vi)	[eklate]

donder (de)	tonnerre (m)	[tɔnɛr]
donderen (ww)	gronder (vi)	[grɔ̃de]
het dondert	le tonnerre gronde	[lə tɔnɛr grɔ̃d]

hagel (de)	grêle (f)	[grɛl]
het hagelt	il grêle	[il grɛl]

overstromen (ww)	inonder (vt)	[inɔ̃de]
overstroming (de)	inondation (f)	[inɔ̃dasjɔ̃]

aardbeving (de)	tremblement (m) de terre	[trɑ̃bləmɑ̃ də tɛr]
aardschok (de)	secousse (f)	[səkus]
epicentrum (het)	épicentre (m)	[episɑ̃tr]

uitbarsting (de)	éruption (f)	[erypsjɔ̃]
lava (de)	lave (f)	[lav]

wervelwind (de)	tourbillon (m)	[turbijɔ̃]
windhoos (de)	tornade (f)	[tɔrnad]
tyfoon (de)	typhon (m)	[tifɔ̃]

orkaan (de)	ouragan (m)	[uragɑ̃]
storm (de)	tempête (f)	[tɑ̃pɛt]
tsunami (de)	tsunami (m)	[tsynami]

cycloon (de)	cyclone (m)	[siklɔn]
onweer (het)	intempéries (f pl)	[ɛ̃tɑ̃peri]
brand (de)	incendie (m)	[ɛ̃sɑ̃di]
ramp (de)	catastrophe (f)	[katastrɔf]

meteoriet (de)	**météorite** (m)	[meteɔrit]
lawine (de)	**avalanche** (f)	[avalɑ̃ʃ]
sneeuwverschuiving (de)	**éboulement** (m)	[ebulmɑ̃]
sneeuwjacht (de)	**blizzard** (m)	[blizar]
sneeuwstorm (de)	**tempête** (f) **de neige**	[tɑ̃pɛt də nɛʒ]

FAUNA

87. Zoogdieren. Roofdieren

roofdier (het)	prédateur (m)	[predatœr]
tijger (de)	tigre (m)	[tigr]
leeuw (de)	lion (m)	[ljɔ̃]
wolf (de)	loup (m)	[lu]
vos (de)	renard (m)	[rənar]

jaguar (de)	jaguar (m)	[ʒagwar]
luipaard (de)	léopard (m)	[leɔpar]
jachtluipaard (de)	guépard (m)	[gepar]

panter (de)	panthère (f)	[pɑ̃tɛr]
poema (de)	puma (m)	[pyma]
sneeuwluipaard (de)	léopard (m) de neiges	[leɔpar də nɛʒ]
lynx (de)	lynx (m)	[lɛ̃ks]

coyote (de)	coyote (m)	[kɔjɔt]
jakhals (de)	chacal (m)	[ʃakal]
hyena (de)	hyène (f)	[jɛn]

88. Wilde dieren

dier (het)	animal (m)	[animal]
beest (het)	bête (f)	[bɛt]

eekhoorn (de)	écureuil (m)	[ekyrœj]
egel (de)	hérisson (m)	[erisɔ̃]
haas (de)	lièvre (m)	[ljɛvr]
konijn (het)	lapin (m)	[lapɛ̃]

das (de)	blaireau (m)	[blɛro]
wasbeer (de)	raton (m)	[ratɔ̃]
hamster (de)	hamster (m)	[amstɛr]
marmot (de)	marmotte (f)	[marmɔt]

mol (de)	taupe (f)	[top]
muis (de)	souris (f)	[suri]
rat (de)	rat (m)	[ra]
vleermuis (de)	chauve-souris (f)	[ʃovsuri]

hermelijn (de)	hermine (f)	[ɛrmin]
sabeldier (het)	zibeline (f)	[ziblin]
marter (de)	martre (f)	[martr]
wezel (de)	belette (f)	[bəlɛt]
nerts (de)	vison (m)	[vizɔ̃]

Nederlands	Frans	Uitspraak
bever (de)	castor (m)	[kastɔr]
otter (de)	loutre (f)	[lutr]
paard (het)	cheval (m)	[ʃəval]
eland (de)	élan (m)	[elɑ̃]
hert (het)	cerf (m)	[sɛr]
kameel (de)	chameau (m)	[ʃamo]
bizon (de)	bison (m)	[bizɔ̃]
oeros (de)	aurochs (m)	[orɔk]
buffel (de)	buffle (m)	[byfl]
zebra (de)	zèbre (m)	[zɛbr]
antilope (de)	antilope (f)	[ɑ̃tilɔp]
ree (de)	chevreuil (m)	[ʃəvrœj]
damhert (het)	biche (f)	[biʃ]
gems (de)	chamois (m)	[ʃamwa]
everzwijn (het)	sanglier (m)	[sɑ̃glije]
walvis (de)	baleine (f)	[balɛn]
rob (de)	phoque (m)	[fɔk]
walrus (de)	morse (m)	[mɔrs]
zeehond (de)	ours (m) de mer	[urs də mɛr]
dolfijn (de)	dauphin (m)	[dofɛ̃]
beer (de)	ours (m)	[urs]
IJsbeer (de)	ours (m) blanc	[urs blɑ̃]
panda (de)	panda (m)	[pɑ̃da]
aap (de)	singe (m)	[sɛ̃ʒ]
chimpansee (de)	chimpanzé (m)	[ʃɛ̃pɑ̃ze]
orang-oetan (de)	orang-outang (m)	[ɔrɑ̃utɑ̃]
gorilla (de)	gorille (m)	[gɔrij]
makaak (de)	macaque (m)	[makak]
gibbon (de)	gibbon (m)	[ʒibɔ̃]
olifant (de)	éléphant (m)	[elefɑ̃]
neushoorn (de)	rhinocéros (m)	[rinɔserɔs]
giraffe (de)	girafe (f)	[ʒiraf]
nijlpaard (het)	hippopotame (m)	[ipɔpotam]
kangoeroe (de)	kangourou (m)	[kɑ̃guru]
koala (de)	koala (m)	[kɔala]
mangoest (de)	mangouste (f)	[mɑ̃gust]
chinchilla (de)	chinchilla (m)	[ʃɛ̃ʃila]
stinkdier (het)	mouffette (f)	[mufɛt]
stekelvarken (het)	porc-épic (m)	[pɔrkepik]

89. Huisdieren

poes (de)	chat (m)	[ʃa]
kater (de)	chat (m)	[ʃa]
hond (de)	chien (m)	[ʃjɛ̃]

paard (het)	cheval (m)	[ʃəval]
hengst (de)	étalon (m)	[etalɔ̃]
merrie (de)	jument (f)	[ʒymɑ̃]
koe (de)	vache (f)	[vaʃ]
stier (de)	taureau (m)	[tɔro]
os (de)	bœuf (m)	[bœf]
schaap (het)	brebis (f)	[brəbi]
ram (de)	mouton (m)	[mutɔ̃]
geit (de)	chèvre (f)	[ʃɛvr]
bok (de)	bouc (m)	[buk]
ezel (de)	âne (m)	[ɑn]
muilezel (de)	mulet (m)	[mylɛ]
varken (het)	cochon (m)	[kɔʃɔ̃]
biggetje (het)	pourceau (m)	[purso]
konijn (het)	lapin (m)	[lapɛ̃]
kip (de)	poule (f)	[pul]
haan (de)	coq (m)	[kɔk]
eend (de)	canard (m)	[kanar]
woerd (de)	canard (m) mâle	[kanar mal]
gans (de)	oie (f)	[wa]
kalkoen haan (de)	dindon (m)	[dɛ̃dɔ̃]
kalkoen (de)	dinde (f)	[dɛ̃d]
huisdieren (mv.)	animaux (m pl) domestiques	[animo dɔmɛstik]
tam (bijv. hamster)	apprivoisé (adj)	[aprivwaze]
temmen (tam maken)	apprivoiser (vt)	[aprivwaze]
fokken (bijv. paarden ~)	élever (vt)	[elve]
boerderij (de)	ferme (f)	[fɛrm]
gevogelte (het)	volaille (f)	[vɔlaj]
rundvee (het)	bétail (m)	[betaj]
kudde (de)	troupeau (m)	[trupo]
paardenstal (de)	écurie (f)	[ekyri]
zwijnenstal (de)	porcherie (f)	[pɔrʃeri]
koeienstal (de)	vacherie (f)	[vaʃri]
konijnenhok (het)	cabane (f) à lapins	[kaban a lapɛ̃]
kippenhok (het)	poulailler (m)	[pulaje]

90. Vogels

vogel (de)	oiseau (m)	[wazo]
duif (de)	pigeon (m)	[piʒɔ̃]
mus (de)	moineau (m)	[mwano]
koolmees (de)	mésange (f)	[mezɑ̃ʒ]
ekster (de)	pie (f)	[pi]
raaf (de)	corbeau (m)	[kɔrbo]

kraai (de)	corneille (f)	[kɔrnɛj]
kauw (de)	choucas (m)	[ʃuka]
roek (de)	freux (m)	[frø]
eend (de)	canard (m)	[kanar]
gans (de)	oie (f)	[wa]
fazant (de)	faisan (m)	[fəzã]
arend (de)	aigle (m)	[ɛgl]
havik (de)	épervier (m)	[epɛrvje]
valk (de)	faucon (m)	[fokɔ̃]
gier (de)	vautour (m)	[votur]
condor (de)	condor (m)	[kɔ̃dɔr]
zwaan (de)	cygne (m)	[siɲ]
kraanvogel (de)	grue (f)	[gry]
ooievaar (de)	cigogne (f)	[sigɔɲ]
papegaai (de)	perroquet (m)	[pɛrɔkɛ]
kolibrie (de)	colibri (m)	[kɔlibri]
pauw (de)	paon (m)	[pɑ̃]
struisvogel (de)	autruche (f)	[otryʃ]
reiger (de)	héron (m)	[erɔ̃]
flamingo (de)	flamant (m)	[flamã]
pelikaan (de)	pélican (m)	[pelikã]
nachtegaal (de)	rossignol (m)	[rɔsiɲɔl]
zwaluw (de)	hirondelle (f)	[irɔ̃dɛl]
lijster (de)	merle (m)	[mɛrl]
zanglijster (de)	grive (f)	[griv]
merel (de)	merle (m) noir	[mɛrl nwar]
gierzwaluw (de)	martinet (m)	[martinɛ]
leeuwerik (de)	alouette (f) des champs	[alwɛt de ʃɑ̃]
kwartel (de)	caille (f)	[kaj]
specht (de)	pivert (m)	[pivɛr]
koekoek (de)	coucou (m)	[kuku]
uil (de)	chouette (f)	[ʃwɛt]
oehoe (de)	hibou (m)	[ibu]
auerhoen (het)	tétras (m)	[tetra]
korhoen (het)	tétras-lyre (m)	[tetralir]
patrijs (de)	perdrix (f)	[pɛrdri]
spreeuw (de)	étourneau (m)	[eturno]
kanarie (de)	canari (m)	[kanari]
hazelhoen (het)	gélinotte (f) des bois	[ʒelinɔt də bwa]
vink (de)	pinson (m)	[pɛ̃sɔ̃]
goudvink (de)	bouvreuil (m)	[buvrœj]
meeuw (de)	mouette (f)	[mwɛt]
albatros (de)	albatros (m)	[albatros]
pinguïn (de)	pingouin (m)	[pɛ̃gwɛ̃]

91. Vis. Zeedieren

brasem (de)	brème (f)	[brɛm]
karper (de)	carpe (f)	[karp]
baars (de)	perche (f)	[pɛrʃ]
meerval (de)	silure (m)	[silyr]
snoek (de)	brochet (m)	[brɔʃɛ]

zalm (de)	saumon (m)	[somɔ̃]
steur (de)	esturgeon (m)	[ɛstyrʒɔ̃]

haring (de)	hareng (m)	[arɑ̃]
atlantische zalm (de)	saumon (m) atlantique	[somɔ̃ atlɑ̃tik]
makreel (de)	maquereau (m)	[makro]
platvis (de)	flet (m)	[flɛ]

snoekbaars (de)	sandre (f)	[sɑ̃dr]
kabeljauw (de)	morue (f)	[mɔry]
tonijn (de)	thon (m)	[tɔ̃]
forel (de)	truite (f)	[trɥit]

paling (de)	anguille (f)	[ɑ̃gij]
sidderrog (de)	torpille (f)	[tɔrpij]
murene (de)	murène (f)	[myrɛn]
piranha (de)	piranha (m)	[piraɲa]

haai (de)	requin (m)	[rəkɛ̃]
dolfijn (de)	dauphin (m)	[dofɛ̃]
walvis (de)	baleine (f)	[balɛn]

krab (de)	crabe (m)	[krab]
kwal (de)	méduse (f)	[medyz]
octopus (de)	pieuvre (f), poulpe (m)	[pjœvr], [pulp]

zeester (de)	étoile (f) de mer	[etwal də mɛr]
zee-egel (de)	oursin (m)	[ursɛ̃]
zeepaardje (het)	hippocampe (m)	[ipɔkɑ̃p]

oester (de)	huître (f)	[ɥitr]
garnaal (de)	crevette (f)	[krəvɛt]
kreeft (de)	homard (m)	[ɔmar]
langoest (de)	langoustine (f)	[lɑ̃gustin]

92. Amfibieën. Reptielen

slang (de)	serpent (m)	[sɛrpɑ̃]
giftig (slang)	venimeux (adj)	[vənimø]

adder (de)	vipère (f)	[vipɛr]
cobra (de)	cobra (m)	[kɔbra]
python (de)	python (m)	[pitɔ̃]
boa (de)	boa (m)	[bɔa]
ringslang (de)	couleuvre (f)	[kulœvr]

| ratelslang (de) | serpent (m) à sonnettes | [sɛrpɑ̃ a sɔnɛt] |
| anaconda (de) | anaconda (m) | [anakɔ̃da] |

hagedis (de)	lézard (m)	[lezar]
leguaan (de)	iguane (m)	[igwan]
varaan (de)	varan (m)	[varɑ̃]
salamander (de)	salamandre (f)	[salamɑ̃dr]
kameleon (de)	caméléon (m)	[kameleɔ̃]
schorpioen (de)	scorpion (m)	[skɔrpjɔ̃]

schildpad (de)	tortue (f)	[tɔrty]
kikker (de)	grenouille (f)	[grənuj]
pad (de)	crapaud (m)	[krapo]
krokodil (de)	crocodile (m)	[krɔkɔdil]

93. Insecten

insect (het)	insecte (m)	[ɛ̃sɛkt]
vlinder (de)	papillon (m)	[papijɔ̃]
mier (de)	fourmi (f)	[furmi]
vlieg (de)	mouche (f)	[muʃ]
mug (de)	moustique (m)	[mustik]
kever (de)	scarabée (m)	[skarabe]

wesp (de)	guêpe (f)	[gɛp]
bij (de)	abeille (f)	[abɛj]
hommel (de)	bourdon (m)	[burdɔ̃]
horzel (de)	œstre (m)	[ɛstr]

| spin (de) | araignée (f) | [areɲe] |
| spinnenweb (het) | toile (f) d'araignée | [twal dareɲe] |

libel (de)	libellule (f)	[libelyl]
sprinkhaan (de)	sauterelle (f)	[sotrɛl]
nachtvlinder (de)	papillon (m)	[papijɔ̃]

kakkerlak (de)	cafard (m)	[kafar]
mijt (de)	tique (f)	[tik]
vlo (de)	puce (f)	[pys]
kriebelmug (de)	moucheron (m)	[muʃrɔ̃]

treksprinkhaan (de)	criquet (m)	[krikɛ]
slak (de)	escargot (m)	[ɛskargo]
krekel (de)	grillon (m)	[grijɔ̃]
glimworm (de)	luciole (f)	[lysjɔl]
lieveheersbeestje (het)	coccinelle (f)	[kɔksinɛl]
meikever (de)	hanneton (m)	[antɔ̃]

bloedzuiger (de)	sangsue (f)	[sɑ̃sy]
rups (de)	chenille (f)	[ʃənij]
aardworm (de)	ver (m)	[vɛr]
larve (de)	larve (f)	[larv]

FLORA

94. Bomen

boom (de)	arbre (m)	[arbr]
loof- (abn)	à feuilles caduques	[ɑ fœj kadyk]
dennen- (abn)	conifère (adj)	[kɔnifɛr]
groenblijvend (bn)	à feuilles persistantes	[a fœj pɛrsistɑ̃t]
appelboom (de)	pommier (m)	[pɔmje]
perenboom (de)	poirier (m)	[pwarje]
zoete kers (de)	merisier (m)	[mərizje]
zure kers (de)	cerisier (m)	[sərizje]
pruimelaar (de)	prunier (m)	[prynje]
berk (de)	bouleau (m)	[bulo]
eik (de)	chêne (m)	[ʃɛn]
linde (de)	tilleul (m)	[tijœl]
esp (de)	tremble (m)	[trɑ̃bl]
esdoorn (de)	érable (m)	[erabl]
spar (de)	épicéa (m)	[episea]
den (de)	pin (m)	[pɛ̃]
lariks (de)	mélèze (m)	[melɛz]
zilverspar (de)	sapin (m)	[sapɛ̃]
ceder (de)	cèdre (m)	[sɛdr]
populier (de)	peuplier (m)	[pøplije]
lijsterbes (de)	sorbier (m)	[sɔrbje]
wilg (de)	saule (m)	[sol]
els (de)	aune (m)	[on]
beuk (de)	hêtre (m)	[ɛtr]
iep (de)	orme (m)	[ɔrm]
es (de)	frêne (m)	[frɛn]
kastanje (de)	marronnier (m)	[marɔnje]
magnolia (de)	magnolia (m)	[maɲɔlja]
palm (de)	palmier (m)	[palmje]
cipres (de)	cyprès (m)	[siprɛ]
mangrove (de)	palétuvier (m)	[paletyvje]
baobab (apenbroodboom)	baobab (m)	[baɔbab]
eucalyptus (de)	eucalyptus (m)	[økaliptys]
mammoetboom (de)	séquoia (m)	[sekɔja]

95. Heesters

struik (de)	buisson (m)	[bɥisɔ̃]
heester (de)	arbrisseau (m)	[arbriso]

wijnstok (de)	vigne (f)	[viɲ]
wijngaard (de)	vigne (f)	[viɲ]
frambozenstruik (de)	framboise (f)	[frɑ̃bwaz]
zwarte bes (de)	cassis (m)	[kasis]
rode bessenstruik (de)	groseille (f) rouge	[grozɛj ruʒ]
kruisbessenstruik (de)	groseille (f) verte	[grozɛj vɛrt]
acacia (de)	acacia (m)	[akasja]
zuurbes (de)	berbéris (m)	[bɛrberis]
jasmijn (de)	jasmin (m)	[ʒasmɛ̃]
jeneverbes (de)	genévrier (m)	[ʒənevrije]
rozenstruik (de)	rosier (m)	[rozje]
hondsroos (de)	églantier (m)	[eglɑ̃tje]

96. Vruchten. Bessen

vrucht (de)	fruit (m)	[frɥi]
vruchten (mv.)	fruits (m pl)	[frɥi]
appel (de)	pomme (f)	[pɔm]
peer (de)	poire (f)	[pwar]
pruim (de)	prune (f)	[pryn]
aardbei (de)	fraise (f)	[frɛz]
zure kers (de)	cerise (f)	[səriz]
zoete kers (de)	merise (f)	[məriz]
druif (de)	raisin (m)	[rɛzɛ̃]
framboos (de)	framboise (f)	[frɑ̃bwaz]
zwarte bes (de)	cassis (m)	[kasis]
rode bes (de)	groseille (f) rouge	[grozɛj ruʒ]
kruisbes (de)	groseille (f) verte	[grozɛj vɛrt]
veenbes (de)	canneberge (f)	[kanbɛrʒ]
sinaasappel (de)	orange (f)	[ɔrɑ̃ʒ]
mandarijn (de)	mandarine (f)	[mɑ̃darin]
ananas (de)	ananas (m)	[anana]
banaan (de)	banane (f)	[banan]
dadel (de)	datte (f)	[dat]
citroen (de)	citron (m)	[sitrɔ̃]
abrikoos (de)	abricot (m)	[abriko]
perzik (de)	pêche (f)	[pɛʃ]
kiwi (de)	kiwi (m)	[kiwi]
grapefruit (de)	pamplemousse (m)	[pɑ̃pləmus]
bes (de)	baie (f)	[bɛ]
bessen (mv.)	baies (f pl)	[bɛ]
vossenbes (de)	airelle (f) rouge	[ɛrɛl ruʒ]
bosaardbei (de)	fraise (f) des bois	[frɛz de bwa]
bosbes (de)	myrtille (f)	[mirtij]

97. Bloemen. Planten

bloem (de)	fleur (f)	[flœr]
boeket (het)	bouquet (m)	[bukɛ]
roos (de)	rose (f)	[roz]
tulp (de)	tulipe (f)	[tylip]
anjer (de)	oeillet (m)	[œjɛ]
gladiool (de)	glaïeul (m)	[glajœl]
korenbloem (de)	bleuet (m)	[bløɛ]
klokje (het)	campanule (f)	[kãpanyl]
paardenbloem (de)	dent-de-lion (f)	[dãdəljɔ̃]
kamille (de)	marguerite (f)	[margərit]
aloë (de)	aloès (m)	[alɔɛs]
cactus (de)	cactus (m)	[kaktys]
ficus (de)	ficus (m)	[fikys]
lelie (de)	lis (m)	[li]
geranium (de)	géranium (m)	[ʒeranjɔm]
hyacint (de)	jacinthe (f)	[ʒasɛ̃t]
mimosa (de)	mimosa (m)	[mimɔza]
narcis (de)	jonquille (f)	[ʒɔ̃kij]
Oostindische kers (de)	capucine (f)	[kapysin]
orchidee (de)	orchidée (f)	[ɔrkide]
pioenroos (de)	pivoine (f)	[pivwan]
viooltje (het)	violette (f)	[vjɔlɛt]
driekleurig viooltje (het)	pensée (f)	[pɑ̃se]
vergeet-mij-nietje (het)	myosotis (m)	[mjɔzɔtis]
madeliefje (het)	pâquerette (f)	[pakrɛt]
papaver (de)	coquelicot (m)	[kɔkliko]
hennep (de)	chanvre (m)	[ʃɑ̃vr]
munt (de)	menthe (f)	[mɑ̃t]
lelietje-van-dalen (het)	muguet (m)	[mygɛ]
sneeuwklokje (het)	perce-neige (f)	[pɛrsənɛʒ]
brandnetel (de)	ortie (f)	[ɔrti]
veldzuring (de)	oseille (f)	[ozɛj]
waterlelie (de)	nénuphar (m)	[nenyfar]
varen (de)	fougère (f)	[fuʒɛr]
korstmos (het)	lichen (m)	[likɛn]
oranjerie (de)	serre (f) tropicale	[sɛr trɔpikal]
gazon (het)	gazon (m)	[gazɔ̃]
bloemperk (het)	parterre (m) de fleurs	[partɛr də flœr]
plant (de)	plante (f)	[plɑ̃t]
gras (het)	herbe (f)	[ɛrb]
graspriet (de)	brin (m) d'herbe	[brɛ̃ dɛrb]

blad (het)	feuille (f)	[fœj]
bloemblad (het)	pétale (m)	[petal]
stengel (de)	tige (f)	[tiʒ]
knol (de)	tubercule (m)	[tybɛrkyl]
scheut (de)	pousse (f)	[pus]
doorn (de)	épine (f)	[epin]
bloeien (ww)	fleurir (vi)	[flœrir]
verwelken (ww)	se faner (vp)	[sə fane]
geur (de)	odeur (f)	[ɔdœr]
snijden (bijv. bloemen ~)	couper (vt)	[kupe]
plukken (bloemen ~)	cueillir (vt)	[kœjir]

98. Granen, graankorrels

graan (het)	grains (m pl)	[grɛ̃]
graangewassen (mv.)	céréales (f pl)	[sereal]
aar (de)	épi (m)	[epi]
tarwe (de)	blé (m)	[ble]
rogge (de)	seigle (m)	[sɛgl]
haver (de)	avoine (f)	[avwan]
gierst (de)	millet (m)	[mijɛ]
gerst (de)	orge (f)	[ɔrʒ]
maïs (de)	maïs (m)	[mais]
rijst (de)	riz (m)	[ri]
boekweit (de)	sarrasin (m)	[sarazɛ̃]
erwt (de)	pois (m)	[pwa]
boon (de)	haricot (m)	[ariko]
soja (de)	soja (m)	[sɔʒa]
linze (de)	lentille (f)	[lɑ̃tij]

LANDEN VAN DE WERELD

99. Landen. Deel 1

Afghanistan (het)	Afghanistan (m)	[afganistã]
Albanië (het)	Albanie (f)	[albani]
Argentinië (het)	Argentine (f)	[arʒãtin]
Armenië (het)	Arménie (f)	[armeni]
Australië (het)	Australie (f)	[ostrali]
Azerbeidzjan (het)	Azerbaïdjan (m)	[azɛrbajdʒã]

Bahama's (mv.)	Bahamas (f pl)	[baamas]
Bangladesh (het)	Bangladesh (m)	[bãgladɛʃ]
België (het)	Belgique (f)	[bɛlʒik]
Bolivia (het)	Bolivie (f)	[bɔlivi]
Bosnië en Herzegovina (het)	Bosnie (f)	[bɔsni]
Brazilië (het)	Brésil (m)	[brezil]
Bulgarije (het)	Bulgarie (f)	[bylgari]

Cambodja (het)	Cambodge (m)	[kãbɔdʒ]
Canada (het)	Canada (m)	[kanada]
Chili (het)	Chili (m)	[ʃili]
China (het)	Chine (f)	[ʃin]
Colombia (het)	Colombie (f)	[kɔlõbi]
Cuba (het)	Cuba (f)	[kyba]
Cyprus (het)	Chypre (m)	[ʃipr]

Denemarken (het)	Danemark (m)	[danmark]
Dominicaanse Republiek (de)	République (f) Dominicaine	[repyblik dɔminikɛn]
Duitsland (het)	Allemagne (f)	[almaɲ]
Ecuador (het)	Équateur (m)	[ekwatœr]
Egypte (het)	Égypte (f)	[eʒipt]
Engeland (het)	Angleterre (f)	[ãglətɛr]

Estland (het)	Estonie (f)	[ɛstɔni]
Finland (het)	Finlande (f)	[fɛ̃lãd]
Frankrijk (het)	France (f)	[frãs]
Frans-Polynesië	Polynésie (f) Française	[pɔlinezi frãsɛz]
Georgië (het)	Géorgie (f)	[ʒeɔrʒi]
Ghana (het)	Ghana (m)	[gana]

Griekenland (het)	Grèce (f)	[grɛs]
Groot-Brittannië (het)	Grande-Bretagne (f)	[grãdbrətaɲ]
Haïti (het)	Haïti (m)	[aiti]
Hongarije (het)	Hongrie (f)	[õgri]
Ierland (het)	Irlande (f)	[irlãd]
IJsland (het)	Islande (f)	[islãd]

India (het)	Inde (f)	[ɛ̃d]
Indonesië (het)	Indonésie (f)	[ɛ̃dɔnezi]

Irak (het)	Iraq (m)	[irak]
Iran (het)	Iran (m)	[irɑ̃]
Israël (het)	Israël (m)	[israɛl]
Italië (het)	Italie (f)	[itali]

100. Landen. Deel 2

Jamaica (het)	Jamaïque (f)	[ʒamaik]
Japan (het)	Japon (m)	[ʒapɔ̃]
Jordanië (het)	Jordanie (f)	[ʒɔrdani]
Kazakstan (het)	Kazakhstan (m)	[kazakstɑ̃]
Kenia (het)	Kenya (m)	[kenja]
Kirgizië (het)	Kirghizistan (m)	[kirgizistɑ̃]
Koeweit (het)	Koweït (m)	[kɔwɛjt]

Kroatië (het)	Croatie (f)	[krɔasi]
Laos (het)	Laos (m)	[laos]
Letland (het)	Lettonie (f)	[lɛtɔni]
Libanon (het)	Liban (m)	[libɑ̃]
Libië (het)	Libye (f)	[libi]
Liechtenstein (het)	Liechtenstein (m)	[liʃtɛnʃtajn]
Litouwen (het)	Lituanie (f)	[lituani]

Luxemburg (het)	Luxembourg (m)	[lyksɑ̃bur]
Macedonië (het)	Macédoine (f)	[masedwan]
Madagaskar (het)	Madagascar (f)	[madagaskar]
Maleisië (het)	Malaisie (f)	[malɛzi]
Malta (het)	Malte (f)	[malt]
Marokko (het)	Maroc (m)	[marɔk]
Mexico (het)	Mexique (f)	[mɛksik]

Moldavië (het)	Moldavie (f)	[mɔldavi]
Monaco (het)	Monaco (m)	[mɔnako]
Mongolië (het)	Mongolie (f)	[mɔ̃gɔli]
Montenegro (het)	Monténégro (m)	[mɔ̃tenegro]
Myanmar (het)	Myanmar (m)	[mjanmar]
Namibië (het)	Namibie (f)	[namibi]
Nederland (het)	Pays-Bas (m)	[peiba]

Nepal (het)	Népal (m)	[nepal]
Nieuw-Zeeland (het)	Nouvelle Zélande (f)	[nuvɛl zelɑ̃d]
Noord-Korea (het)	Corée (f) du Nord	[kɔre dy nɔr]
Noorwegen (het)	Norvège (f)	[nɔrvɛʒ]
Oekraïne (het)	Ukraine (f)	[ykrɛn]
Oezbekistan (het)	Ouzbékistan (m)	[uzbekistɑ̃]
Oostenrijk (het)	Autriche (f)	[otriʃ]

101. Landen. Deel 3

Pakistan (het)	Pakistan (m)	[pakistɑ̃]
Palestijnse autonomie (de)	Palestine (f)	[palɛstin]
Panama (het)	Panamá (m)	[panama]

Paraguay (het)	Paraguay (m)	[paragwɛ]
Peru (het)	Pérou (m)	[peru]
Polen (het)	Pologne (f)	[pɔlɔɲ]
Portugal (het)	Portugal (m)	[pɔrtygal]
Roemenië (het)	Roumanie (f)	[rumani]
Rusland (het)	Russie (f)	[rysi]
Saoedi-Arabië (het)	Arabie (f) Saoudite	[arabi saudit]
Schotland (het)	Écosse (f)	[ekɔs]
Senegal (het)	Sénégal (m)	[senegal]
Servië (het)	Serbie (f)	[sɛrbi]
Slovenië (het)	Slovénie (f)	[slɔveni]
Slowakije (het)	Slovaquie (f)	[slɔvaki]
Spanje (het)	Espagne (f)	[ɛspaɲ]
Suriname (het)	Surinam (m)	[syrinam]
Syrië (het)	Syrie (f)	[siri]
Tadzjikistan (het)	Tadjikistan (m)	[tadʒikistɑ̃]
Taiwan (het)	Taïwan (m)	[tajwan]
Tanzania (het)	Tanzanie (f)	[tɑ̃zani]
Tasmanië (het)	Tasmanie (f)	[tasmani]
Thailand (het)	Thaïlande (f)	[tajlɑ̃d]
Tsjechië (het)	République (f) Tchèque	[repyblik tʃɛk]
Tunesië (het)	Tunisie (f)	[tynizi]
Turkije (het)	Turquie (f)	[tyrki]
Turkmenistan (het)	Turkménistan (m)	[tyrkmenistɑ̃]
Uruguay (het)	Uruguay (m)	[yrygwɛ]
Vaticaanstad (de)	Vatican (m)	[vatikɑ̃]
Venezuela (het)	Venezuela (f)	[venezɥela]
Verenigde Arabische Emiraten	Fédération (f) des Émirats Arabes Unis	[federasjɔ̃ dezemira arabzyni]
Verenigde Staten van Amerika	les États Unis	[lezeta zyni]
Vietnam (het)	Vietnam (m)	[vjɛtnam]
Wit-Rusland (het)	Biélorussie (f)	[bjelɔrysi]
Zanzibar (het)	Zanzibar (m)	[zɑ̃zibar]
Zuid-Afrika (het)	République (f) Sud-africaine	[repyblik sydafrikɛn]
Zuid-Korea (het)	Corée (f) du Sud	[kɔre dy syd]
Zweden (het)	Suède (f)	[sɥɛd]
Zwitserland (het)	Suisse (f)	[sɥis]

www.ingramcontent.com/pod-product-compliance
Lightning Source LLC
Chambersburg PA
CBHW071501070426
42452CB00041B/2088